上海市教育科学研究一般项目"上海市高校与企业协同创新的案例研究"(项目编号：C16057)、科技部国家科技创新战略研究专项项目，"促进跨学科研究的体制机制研究"(项目编号：ZLY2015045)

协同推进制度创新和科技创新

刘凡丰　董金华　著

光明日报出版社

图书在版编目（CIP）数据

协同推进制度创新和科技创新 / 刘凡丰，董金华著
. --北京：光明日报出版社，2020.3
ISBN 978 - 7 - 5194 - 5612 - 2

Ⅰ.①协… Ⅱ.①刘…②董… Ⅲ.①技术革新—研
究—中国 Ⅳ.①F124.3

中国版本图书馆 CIP 数据核字（2020）第 023146 号

协同推进制度创新和科技创新
XIETONG TUIJIN ZHIDU CHUANGXIN HE KEJI CHUANGXIN

著　　者：刘凡丰　董金华

责任编辑：章小可　　　　　　　责任校对：森广达
封面设计：中联学林　　　　　　责任印制：曹　净

出版发行：光明日报出版社
地　　址：北京市西城区永安路 106 号，100050
电　　话：010 - 63139890（咨询），010 - 63131930（邮购）
传　　真：010 - 63131930
网　　址：http：//book. gmw. cn
E - mail：zhangxiaoke@ gmw. cn
法律顾问：北京德恒律师事务所龚柳方律师

印　　刷：三河市华东印刷有限公司
装　　订：三河市华东印刷有限公司
本书如有破损、缺页、装订错误，请与本社联系调换，电话：010 - 63131930

开　　本：170mm × 240mm
字　　数：165 千字　　　　　　印　　张：14.5
版　　次：2020 年 3 月第 1 版　　印　　次：2020 年 3 月第 1 次印刷
书　　号：ISBN 978 - 7 - 5194 - 5612 - 2
定　　价：58.00 元

前　言

科技创新、制度创新要协同发挥作用

党的十八大以来，我国大力实施创新驱动发展战略，创新型国家建设进程明显加快。创新型国家建设成果丰硕，天宫、蛟龙、天眼、悟空、墨子、大飞机等重大科技成果相继问世。我国已成为全球第二大研发投入大国和第二大知识产出大国。我国国际科技论文总量已经连续 9 年排世界第二位，2017 年国际科技论文被引量首次超过德国、英国，跃居世界第二位；发明专利申请量和授权量居世界第一位，有效发明专利保有量居世界第三位，全国技术合同成交额达 1.3 万亿元；科技进步贡献率达 57.5%，科技创新对经济社会发展的支撑引领作用显著增强。科技发展水平从以跟踪为主步入跟踪和并跑、领跑并存的历史新阶段，这些都表明我国科技发展站到了全新的历史起点上。

2017 召开的党的十九大报告提出，从现在到 2020 年是全面建成小康社会的决胜期；在全面建成小康社会的基础上，再奋斗十五年，基本实现社会主义现代化；到 21 世纪中叶，建成富强、民主、文明、和谐、美丽的社会主义现代化强国。我国政府 2016 年规划的科技创新"三步走"战略目标与此相契合（2020 年进入创新型国家行列，然后 2030 年

前后进入创新型国家前列，到新中国成立 100 年时成为世界科技强国）。同时，党的十九大报告明确把科技实力大幅跃升，跻身创新型国家前列作为衡量基本实现社会主义现代化的重要标志。党和国家的战略目标对科技创新工作提出了明确要求。

我国已经开启了全面建设社会主义现代化国家的新时代。社会主要矛盾已经转化为人民日益增长的美好生活需要和不平衡不充分的发展之间的矛盾。科技创新工作必须聚焦社会主要矛盾，从融入经济主战场转向全面融入经济、社会、文化、国防等领域。要把科技创新作为提高社会生产力和综合国力的战略支撑，摆在国家发展全局的核心位置。党的十九大报告进一步对加快创新型国家建设进行了系统部署，再次强调"创新"在发展理念（创新、协调、绿色、开放、共享）中的首要地位，明确提出"创新是引领发展的第一动力，是建设现代化经济体系的战略支撑"。

我们深入实施创新驱动发展战略，那么创新的动力从哪里来？习近平总书记在 2014 年 6 月两院院士大会讲话中强调，推进自主创新，最紧迫的是要破除体制机制障碍，最大限度解放和激发科技作为第一生产力所蕴藏的巨大潜能。① 2016 年 5 月，习近平总书记在科技三会上进一步精辟论述："深化改革创新，形成充满活力的科技管理和运行机制""科技创新、制度创新要协同发挥作用，两个轮子一起转。"② 以习近平

---

① 习近平. 在中国科学院第十七次院士大会、中国工程院第十二次院士大会上的讲话 [N] . 2014 - 06 - 09.
② 习近平. 为建设世界科技强国而奋斗——在全国科技创新大会、两院院士大会、中国科协第九次全国代表大会上的讲话 [N] . 2016 - 05 - 30.

总书记为核心的党中央不仅对科技创新做出了系统的阐述，而且还推动科技体制的重大改革。近年来，我国科技体制改革全面发力、多点突破、纵深发展，科技体制改革主体架构已经确立，重要领域和关键环节改革取得实质性突破。这是我国科技创新取得巨大进步和成绩的根本原因。

近年来，我们不仅关注科技创新的发展实践，还重点关注了科技体制机制改革。我们深入研读了党的十八大以来党和国家领导人的重要讲话、科技创新相关的法律法规和政策文件，以及专家学者的论著，并开展实地调研访谈，深刻体悟到要加快建设创新型国家，科技创新、制度创新必须协同发挥作用。

全面增强科技创新能力

习近平总书记在党的十九大报告中强调，创新是引领发展的第一动力，是建设现代化经济体系的战略支撑。按照党中央的决策部署，把加快建设创新型国家作为现代化建设全局的战略举措，坚定实施创新驱动发展战略，强化创新第一动力的地位和作用，突出以科技创新引领全面创新，具有重大而深远的意义。

世界上的现代化强国无一不是创新强国、科技强国。世界上公认的创新型国家有 20 个左右，包括美国、德国、英国、法国、芬兰、日本、韩国等。这些创新型国家具备以下若干共同特征：（1）创新投入高，国家的研发投入即 R&D（研究与开发）支出占 GDP 的比例一般在 2% 以上；（2）科技进步贡献率达 70% 以上；（3）自主创新能力强，国家的对外技术依存度指标通常在 30% 以下；（4）创新产出高，20 个左右的创新型国家所拥有的发明专利数量占全世界总数的 90% 以上。以上特征是一些量化的测度指标。

创新型国家的本质是依靠创新活动推动经济发展和竞争力提高，是否拥有高效的国家创新体系是区分创新型国家与非创新型国家的主要标志。创新型国家的主要标志是：科技和人才成为国力强盛最重要的战略资源；劳动生产率、社会生产力提高主要依靠科技进步和全面创新；拥有一批世界一流的科研机构、研究型大学和创新型企业；创新的法律制度环境、市场环境和优良的文化环境。

加快建设创新型国家是我国进入全面建设社会主义现代化国家的新时代的必然要求。我国社会主要矛盾已经转化为人民日益增长的美好生活需要和不平衡不充分的发展之间的矛盾。要把科技创新作为提高社会生产力和综合国力的战略支撑，摆在国家发展全局的核心位置。我国在改革开放40多年里取得了举世瞩目的经济发展成果，成为世界第二大经济体。但是，我国过往的经济高速增长模式存在着发展质量和效益较低的不足。经济增长动力需要实现从拼资源、拼低廉劳动力的"要素驱动""投资驱动"向"创新驱动"转变。这就要求新的经济发展模式通过技术进步等全要素来提高劳动生产率，更多地依靠人才资源和技术进步，实现从质量、效率到动力的三大变革，让创新成为经济增长与发展的主要动力。其次，是经济增长结构的转变将以低端产业为主的增长转变为以高附加值产业为主的增长，以工业为主的增长转变为以服务业为主的增长。同时，在以往对外开放的"引进来"战略基础上，新的经济发展模式应同时鼓励"走出去"战略，积极嵌入全球价值网络，以获取并利用全球资源，主动参与和推动经济全球化进程，发展更高层次的开放型经济。最后，是经济发展质量的转变，从过度重视经济增长速度向注重经济发展的质量和效益转变，强调经济与社会的协调发展，强调均衡平等的包容式发展。①

　　加快建设创新型国家是抢抓新科技革命和产业变革历史机遇的战略举措。历史经验表明，科技革命和产业变革深刻改变世界发展格局。一些国家抓住机遇，实现了经济实力、科技实力、国防实力和国际影响力迅速增强。而近代以来，我国屡次与科技革命失之交臂，在现代化进程中落伍了。当前，全球新一轮科技革命和产业变革孕育兴起，特别是信息技术、生物技术、制造技术、新材料技术、新能源技术等广泛渗透到几乎所有领域，带动了以绿色、智能、泛在为特征的群体性重大技术变革，大数据、云计算、移动互联网等新一代信息技术同机器人和智能制造技术相互融合的步伐加快，正在引发国际产业分工重大调整，重塑世界竞争格局、改变国家力量对比。我国既面临赶超跨越的难得历史机遇，也面临差距拉大的严峻挑战，唯有加快建设创新型国家，全面增强科技创新能力，力争在重要科技领域实现跨越发展，才能在新一轮全球竞争中赢得战略主动。②

深化科技体制机制改革

　　"理论是灰色的，而生命之树长青"。我国建设创新型国家对于世界发展的意义，不仅在于经济社会发展的理论突破，更在于伟大的实践。习近平同志不仅对科技创新做出了系统的阐述，而且还亲自推动科

---

①　柳卸林、高雨辰、丁雪辰．寻找创新驱动发展的新理论思维［N］．管理世界，2017（12）．

②　王志刚．加快建设创新型国家［N］．人民日报，2017-12-07．

技体制的重大改革。这是我国科技创新取得巨大进步和成绩的根本原因。进入新时代，要从开启新征程实现中国梦的战略高度，进一步发挥创新在发展全局的核心战略作用。要主动回应人民日益增长的美好生活需要，紧紧依靠科技创新力量解决发展不平衡不充分问题。党的十九大报告强调把创新作为建设现代化经济体系的战略支撑，从更加突出基础研究、战略支撑、战略科技力量、企业主体和成果转化、创新环境建设和人才队伍建设等六方面明确了科技创新的主要任务，是加快实施创新驱动发展战略、加快建设创新型国家的路线图。

加快建设创新型国家，关键是提高核心技术创新能力，在核心技术上实现突破性创新。习近平总书记多次提到要突破关键核心技术。在2018年5月28日召开的两院院士大会上，习近平在讲话中用"形势逼人，挑战逼人，使命逼人"来形容加快科技创新的紧迫感。2018年7月13日，习近平主持召开中央财经委员会第二次会议并发表重要讲话。[①]会议的核心议题是提高关键核心技术创新能力，为提高关键核心技术创新能力这一目标规划出清晰的科技体制机制改革路线图。

一是人。会议认为，突破关键核心技术，关键在于有效发挥人的积极性。会议提出：①给予科研单位和科研人员更多自主权，充分发挥人才创新创造活力。改革重大科技项目立项和组织实施方式，强化成果导向，精简科研项目管理流程；改革科研绩效评价机制，建立科学分类、合理多元的评价体系，改革国家科技奖励制度；选好用好领军人物、拔

---

① 　新华社. 习近平主持召开中央财经委员会第二次会议. 2018 - 07 - 13. http：//www. gov. cn/xinwen/2018 - 07/13/content_ 5306291. htm

尖人才，加大高技术领域专业人才培养，既要培养优秀的带头人，也要有好的团队，要发挥年轻科学家的作用，使优秀青年人才脱颖而出。②发扬光大"两弹一星"精神，形成良好精神面貌。教育引导广大科技工作者强化责任意识，弘扬科学精神，坚定自信，潜心研究，努力做出更多有价值的原创性成果。③加强科技领域干部队伍建设，培养一大批能够把党和国家科技政策贯彻落实好的组织型人才，成为领导科技工作的行家里手和科研人员的知心人。在人的方面，既要释放科研人员本身的创新活力，充分发挥科学家和企业家的创新主体作用，同时还要为广大科技人员做好各项服务工作。会议特别提到要培养组织型人才，他们一方面可以贯彻国家科技政策，另一方面也可以成为科研人员的知心人，一起推动科技创新。

二是财力支持。突破关键核心技术不仅需要调动科研人员的积极性，还需要创新资金等方面的支持。会议提出：①充分发挥社会主义市场经济的独特作用，充分发挥我国社会主义制度优势。②鼓励科研院所和科研人员进入企业，完善创新投入机制和科技金融政策。在财力等资源的投入方面，既要集中力量办大事，同时也要发挥企业和市场的作用，协同发力推动创新，突破核心技术。

三是制度和组织创新。推动科技创新、突破关键核心技术需要系统安排，也需要在体制机制上进行创新，从而调动科研人员的积极性，更加充分利用各方面资源。会议提出，科技创新要按照需求导向、问题导向、目标导向，从国家发展需要出发。聚焦国家需求，统筹整合力量，发挥国内市场优势，强化规划引领，形成更有针对性的科技创新系统布局和科技创新平台的系统安排。完善科研平台开放制度，完善国家科技资源库，培育一批尖端科学仪器制造企业。推进产学研用一体化，支持龙头企业整合科研院所、高等院校力量，建立创新联合体。扩大科技领域对外开放，充分利用国际创新资源，开辟多元化合作渠道，精准选择合作领域，加强高等院校、科研院所等对外科技交流合作，强化创新伙伴关系。会议强调，要形成关键核心技术攻坚体制。同时，要加强党中央对科技工作的集中统一领导，形成推动攻克关键核心技术的强大合力。

本书的逻辑架构及各章内容介绍

习近平总书记多次指出，核心技术是买不来的，要坚定不移走中国特色自主创新道路。"这条道路是有优势的，最大的优势就是我国社会主义制度能够集中力量办大事，这是我们成就事业的重要法宝。"① "高端科技就是现代的国之利器。近代以来，西方国家之所以能称雄世界，一个重要原因就是掌握了高端科技。真正的核心技术是买不来的。正所谓'国之利器，不可以示人。'只有拥有强大的科技创新能力，才能提高我国国际竞争力。"②

核心技术要实现突破性创新，这对我国的基础研究和应用基础研究工作提出更高的要求。但是，我国基础研究还是相对薄弱，跟踪式的研究多，领跑原创成果少。一些核心技术难关久攻不下，根子在于基础研究没有大突破。"基础研究是整个科学体系的源头，是所有技术问题的

---

① 习近平. 在参加全国政协十二届一次会议科协、科技界委员联组讨论时的讲话 [N] . 2013 – 03 – 04.

② 习近平. 在中国科学院考察工作时的讲话 [N] . 2013 – 07 – 17.

总机关，是武器装备发展的原动力。只有重视基础研究，才能永远保持自主创新能力。"①

第一章"强化基础研究"先从基础研究的特点、规律出发，论述基础研究的地位以及新时代对基础研究发展提出的新要求；再介绍十八大以来基础研究方面的成就，分析在基础研究的投入、管理体制机制、人才培养等方面的问题和不足。最后，解读《"十三五"国家基础研究专项规划》和《国务院关于全面加强基础科学研究的若干意见》中关于强化基础研究的若干举措，以及习近平总书记在2018年两院院士的重要讲话，分为国家政策、科技管理服务、人才培养等方面进行阐释。在基础研究能力提升过程中，我们必须聚焦人才培养问题，做好各层次人才的培养工作。

第二章"加强科技创新平台建设"讨论产学研共建研发平台的意义，并剖析了浙江省的相关案例。浙江省2003年提出建立起开放的区域科技创新体系，科技创新服务平台的建设有声有色，成功的科技创新服务平台构建起相对完整的创新链，支撑和服务浙江省乃至长三角地区企业的产业技术创新。相关的建设经验可以为高校、科研院所、企业共建合作研发平台提供可资参考的蓝本。

我国要凭借前瞻的科研战略布局、优良的科研基础设施、一流的创新平台和优越的创新环境，形成对全球人才的"虹吸效应"。国家自主创新示范区、国家和省级高新区、科技城等是吸引创业人才的大平台，

---

① 习近平. 深入贯彻落实党在新形势下的强军目标，加快建设具有我军特色的世界一流大学 [N]. 2013 - 11 - 05.

国家实验室、重大科学装置、国家重点实验室、企业研究院是吸引科技人才的研发平台。各类创新平台的健康发展离不开政府引导、产学研协同支持。党中央提出要高标准建设国家实验室，相关的规划方案正在细化完善之中。全国多个大城市正争创综合性科学中心，第二章"加强科技创新平台建设"介绍了北京怀柔综合性国家科学中心、合肥综合性国家科学中心的建设情况。

综合性国家科学中心是支撑科技人才创新创业的大平台。"G60科创走廊"更是横跨长三角四省市的创新大平台，最初于2016年由上海松江与浙江嘉兴共同提出，以美国硅谷、波士顿128公路、日本东京-筑波创新带、北京中关村等国内外一流的科创走廊或集聚区为标杆。G60科创走廊概念给了政产学研合作交流的共享理念，给了创业者一个共同奋斗的愿景，成为长三角合作的一个重要抓手，对实现长三角更高质量的一体化有重大意义。近两年来G60走廊的松江区、嘉兴市吸引了不少高新产业的大项目或高精尖项目；但是，到松江区或嘉兴市创业的高层次人才明显体验到创新创业活动缺乏优秀青年人才的支撑，这与长三角科技创新资源相对薄弱、松江和嘉兴两地缺乏一流大学和科研机构有着因果关系。在第二章的最后，我们建议，长三角政产学研各方共同依托高校建设大型研发平台。与传统院系相比，研发平台集聚大量的优秀人才并且拥有相对充足的科研经费，有更大的人事、财务和资源分配的自主权；把研究生培养、基础研究、应用研究和技术推广等多项功能有机地融合在一起，构建从基础研究到产业化的相对完整的创新链；达到集聚高层次人才、服务区域经济发展的目的，在区域创新体系中发挥核心作用。

第三章"加快科技成果转化"分析解读最近几年的成果转化政策。习近平总书记用"三级跳"来形象比喻科技成果转化工作的重要性，在2014年6月院士大会上指出，"实施创新驱动发展战略是一个系统工程。科技成果只有同国家需要、人民要求、市场需求相结合，完成从科学研究、实验开发、推广应用的三级跳，才能真正实现创新价值、实现创新驱动发展。"

经过两年多的大讨论，新修订的《中华人民共和国促进科技成果转化法》（以下简称《成果转化法》）于2015年10月1日起施行。后来国家又相继出台《实施〈中华人民共和国促进科技成果转化法〉若干规定》以及《促进科技成果转移转化行动方案》。这三份法律法规、政策文件被称为科技成果转化三部曲。但是由于《成果转化法》较为简略，多处的表述并不十分明确，各个政府部门对若干条文的解读存在差异，导致《成果转化法》在具体实施过程中存在一些问题，一些地方、单位存在等待观望的情绪，成果转化政策仍存在不配套的问题。

科技成果转化是一项实务性较强的工作，我们在第三章"加快科技成果转化"分析科技成果转化过程中单位、科研人员的权益与责任，讨论了科技成果的定价问题、高校建设专门的技术转移队伍的必要性，并对事业单位科研人员创新创业中可能存在的知识产权问题提出建议。

第四章"培育发展新型研发机构"探讨了涌现于全国各地的新型研发机构的发展困境及对策。近年来，新型研发机构面向经济和科技发展需要，呈蓬勃发展之势。这章探讨新型研发机构的组织性质（事业单位还是企业单位），建议通过建立利益冲突审查制度和公示制度避免各种不正当行为，以及要形成可持续发展的能力（应该把研发工作放在重要位置），促进新型研发机构的健康发展。

创新驱动实质上是人才驱动。2012 年 12 月习近平总书记考察广东时指出："综合国力竞争归根到底是人才竞争。哪个国家拥有人才上的优势，哪个国家最后就会拥有实力上的优势。"① 2013 年 7 月习近平总书记在中科院考察时指出："我国科技队伍规模是世界上最大的，主要问题是水平和结构，世界级科技大师缺乏，领军人才、尖子人才不足。"②

我国科技人力资源超过 8000 万人，全时研发人员总量 380 万人年，居世界首位，工程师数量占全世界的四分之一，每年培养的工程师相当于美国、欧洲、日本和印度的总和。这是我国举世难得的战略资源。但是，高层次科技人才短缺，特别是世界级科技领军人才匮乏。因此，党的十九大报告提出，培养造就一大批具有国际水平的战略科技人才、科技领军人才、青年科技人才和高水平创新团队。

第五章"人才是创新的第一资源"先明确提到我党坚持党管人才的原则，简要介绍科技人才队伍建设的成绩，并解读了鼓励和支持留学人员更好的发挥作用的新政策，以及我国更为开放的全球引才聚才政策。根据习近平总书记 2018 年 5 月在北京大学师生座谈会上的讲话，指出了新时代对一流大学的人才培养工作提出新要求，要抓三项基础性工作：第一，坚持办学正确政治方向；第二，建设高素质教师队伍；第三，形成高水平人才培养体系。③ 结合《关于优化学术环境的指导意

---

① 习近平. 在广东考察工作时的讲话［N］. 2012 - 12 -（7 - 11）.
② 习近平. 在中国科学院考察工作时的讲话［N］. 2013 - 07 - 17.
③ 习近平. 在北京大学师生座谈会上的讲话［N］. 2018 - 05 - 02.

见》《关于分类推进人才评价机制改革的指导意见》以及《关于实行以增加知识价值为导向分配政策的若干意见》等文件，这一章还论述了优化学术环境的重要性，呼吁形成公平正义的人才评价机制，以及让科技人才通过科技创新创造价值、得到合理回报等。

第六章"科研事业单位绩效评价与绩效工资改革"所涉及的课题相当重要。没有人才优势就不可能有创新优势、科技优势、产业优势。从中央政府到地方政府，以及社会各界都已经认识到，知识经济时代要实施知识价值导向的收入分配机制，让真正有作为、有贡献的科研人员"名利双收"。但是，传统体制下绩效工资总额限制造成体制内科研人员工作积极性、主动性不够。这章简要梳理了近年来中央及上海市等地关于人才激励、绩效工资改革的政策实践，比较研究国内外科研绩效评价工作的情况，对科研事业单位绩效考核以及绩效工资制度改革提出若干建议。绩效考核和绩效工资改革要采取若干原则：与事业单位的机构改革相协同；人事管理要转变为岗位管理、合同管理；发挥市场化机制的竞争作用；"感情留人、事业留人、待遇留人"等。绩效考核的具体措施可采取"合同管理"模式；应以服务社会经济发展为主要指标；短期与长期考核相结合；个人与团队评价相结合；另外，还要考虑对绩效工资进行限高并予以公开；绩效工资改革同时需要其他福利待遇相配合。

习近平总书记在2018年5月院士大会强调，"当前，我国科技领域仍然存在一些亟待解决的突出问题，特别是同党的十九大提出的新任务新要求相比，我国科技在视野格局、创新能力、资源配置、体制政策等方面存在诸多不适应的地方。""我国科技管理体制还不能完全适应建设世界科技强国的需要，科技体制改革许多重大决策落实还没有形成合力，科技创新政策与经济、产业政策的统筹衔接还不够，全社会鼓励创新、包容创新的机制和环境有待优化。""要坚持科技创新和制度创新'双轮驱动'，以问题为导向，以需求为牵引，在实践载体、制度安排、政策保障、环境营造上下功夫，在创新主体、创新基础、创新资源、创新环境等方面持续用力，强化国家战略科技力量，提升国家创新体系整体效能。"①

　　科技领域是最需要不断改革的领域，改革创新永远在路上。把科技创新与制度创新两个轮子转动起来，凝聚各方合力，厚植创新沃土，我国建设创新型国家和世界科技强国，就有了源源不竭的动力和奔腾不息的活力。

---

　①　习近平. 在中国科学院第十九次院士大会、中国工程院第十四次院士大会上的讲话 [N]. 2018 – 05 – 28.

目 录
CONTENTS

第一章

强化基础研究

党和国家领导人高度重视基础研究。习近平总书记说，"基础研究是整个科学体系的源头，是所有技术问题的总机关"，并进一步指出，"只有重视基础研究，才能永远保持自主创新能力。当前，基础研究和应用开发关联度日益增强，基础研究显得尤为重要。"①

第一节 基础研究的特点与价值

一、基础研究的特点

习近平总书记指出："在基础研究领域，包括一些应用科技领域，要尊重科学研究灵感瞬间性、方式随意性、路径不确定性的特点，允许

---

① 习近平．深入贯彻落实党在新形势下的强军目标，加快建设具有我军特色的世界一流大学［EB/OL］．人民网，2013 - 11 - 5.

科学家自由畅想、大胆假设、认真求证。不要以出成果的名义干涉科学家的研究，不要用死板的制度约束科学家的研究活动。很多科学研究要着眼长远，不能急功近利，欲速则不达。"① 基础研究的目的是拓展人类认知范畴的外延，生产出新的知识。在基础研究领域，自下而上、基于科学家思想兴趣的自由探索应该得到国家和社会的更多鼓励。

与其他研究相比，基础研究周期比较长。比如体细胞克隆猴"中中"和"华华"是中国科学院神经科学研究所孙强团队经过 5 年的不懈努力首次成功培育出来的。这意味着科学家们在相当长的研究过程中不容易体现出自身价值。做基础研究的科学家必须心无旁骛，做长期稳定的研究。②

从事基础研究要有一定的耐心，培养基础研究的人才需要更大的耐心，给予他们更大的空间、更大的自由度，允许他们进行自由探索。基础研究有很大的不确定性，而且走得越远，不确定性越强，在这种情况下，既要鼓励创新，又要宽容失败。弘扬科学精神和创新文化，需要全社会的理解和支持。③

基础研究充满探索性、不确定性，却又是未来应用研究的根源。李克强总理 2015 年 5 月视察中关村时指出，"基础科学研究要抛掉'短平快'的考核标准，摘掉'急功近利'的帽子，建立一种长效科学的评

---

① 习近平. 为建设世界科技强国而奋斗——在全国科技创新大会、两院院士大会、中国科协第九次全国代表大会上的讲话［J］. 科协论坛, 2016 (6), 4 - 9.
② 国新办举行关于全面加强基础科学研究《若干意见》发布会. http：//www. scio. gov. cn/xwfbh/xwbfbh/wqfbh/37601/37989/index. htm
③ 国新办举行科技工作进展与成就有关情况发布会万钢答问（2018 - 2 - 26）http：//www. scio. gov. cn/xwfbh/xwbfbh/wqfbh/37601/38013/index. htm

价机制。一些基础科学研究获得承认往往需要很长时间，但历史最终会证明其价值！"①

二、基础研究的重要价值

习总书记在 2018 年院士大会上指出："基础研究是整个科学体系的源头。要瞄准世界科技前沿，抓住大趋势，下好'先手棋'，打好基础、储备长远，甘于坐冷板凳，勇于做栽树人、挖井人，实现前瞻性基础研究、引领性原创成果重大突破，夯实世界科技强国建设的根基。要加大应用基础研究力度，以推动重大科技项目为抓手，打通'最后一公里'，拆除阻碍产业化的'篱笆墙'，疏通应用基础研究和产业化连接的快车道，促进创新链和产业链精准对接，加快科研成果从样品到产品再到商品的转化，把科技成果充分应用到现代化事业中去。"②

基础研究在整个科技创新领域具有源头引领性作用。"问渠那得清如许，唯有源头活水来"，只有源头的创新能力提升了，才能够为整个应用技术创新和产业创新提供源源不断的前进动力。基础研究是整个科学体系的源头，是所有技术问题的总机关；只有重视基础研究，才能永远保持自主创新能力。李克强总理 2015 年 5 月视察中关村时对科技工作者说："一个国家基础科学研究的深度和广度，决定着这个国家原始创新的动力和活力。希望你们夯实基础科学研究这个'地基'，筑起国

---

① 李克强. 基础科研深度决定一个国家原始创新活力［J］. 新京报新媒体，2015 – 05 – 08.

② 习近平. 在中国科学院第十九次院士大会、中国工程院第十四次院士大会上的讲话［EB/OL］. 新华网，2018 – 05 – 28.

家核心竞争力这座'大厦'！"①

基础研究是科技创新的发动机，是形成持续强大创新能力的关键，在建设世界科技强国中发挥着基础性作用。② 强大的基础研究是建设世界科技强国的基石。随着新一轮科技革命加速推进，一些基本科学问题孕育着重大突破，基础研究到产业化的周期大大缩短，国际竞争呈现从科技竞争向基础研究竞争前移的态势。只有打造强大基础研究能力，才能在全球创新竞争中赢得优势、抢占先机。大多数重大创新突破的背后是基础研究的持续积累。当代技术创新成果有 90% 左右是源于基础研究，卫星、通信、超导、核能、航空、航天、纳米等技术的突破都与基础研究直接相关。因此，虽然基础研究的成果具有不可预知性，但可能会带来源源不断、意想不到的创新动力。

基础研究是培育战略科技力量和高水平创新人才队伍的重要载体。③ 国家重点实验室、大科学装置等研究基地和平台，是国家重大基础研究任务的承担主体，是形成强大国家战略科技力量的重要基础。从事基础研究可以接触最前沿的科学进展、运用最新的科学仪器和科研方法，最能培养科技人员的创新思维，最能有效激发创造潜力、塑造科学精神，是为国家储备高水平科技人才的重要途径。

基础研究是应用研究和重大创新的源头。从基础研究、应用研究到技术开发和产业化应用、规模化发展的全过程构成了创新的完整链条。

---

① 李克强. 基础科研深度决定一个国家原始创新活力 [J]. 新京报新媒体, 2015 – 05 – 08.

② 叶玉江. 科技强国须补好基础研究短板 [J]. 学习时报, 2017 (7).

③ 叶玉江. 科技强国须补好基础研究短板 [J]. 学习时报, 2017 (7).

同时，基础研究成果一般是具有公共属性的新知识，对社会具有更广泛的扩散效应和放大作用。实践证明，以科学发现为导向的基础研究是高科技创新不可或缺的基础。尽管基础研究不直接生产新产品、新工艺和解决技术问题的具体方案，但基础研究向社会提供了新知识、新原理、新方法，其效益远远超过某一产业领域的应用研究和产品开发，更重要的是，基础研究还能以不可预知的方式催生新的产业生态系统。

三、新时代对基础研究发展提出新要求

党的十九大报告提出，"要瞄准世界科技前沿，强化基础研究，实现前瞻性基础研究、引领性原创成果重大突破。加强应用基础研究，拓展实施国家重大科技项目，突出关键共性技术、前沿引领技术、现代工程技术、颠覆性技术创新"。然而从基础研究到创新驱动不是一蹴而就的，实验室产生的创新成果转化成经济效益需要长期的过程。基础研究成果的应用主要通过四种途径：一是知识扩散和论文发表，二是科研机构继续应用开发，三是科研人员和企业家进行商业化应用，四是人才培养与流动促进知识交流。①

新一轮科技革命和产业变革正在重构全球创新版图、重塑全球经济结构。以人工智能、量子信息、移动通信、物联网、区块链为代表的新一代信息技术加速突破应用，以合成生物学、基因编辑、脑科学、再生医学等为代表的生命科学领域孕育新的变革，融合机器人、数字化、新

---

① 吕薇. 多措并举促进基础研究转化为原始创新能力 [J]. 科技中国，2018，2（2）：1 – 5.

材料的先进制造技术正在加速推进制造业向智能化、服务化、绿色化转型，以清洁高效可持续为目标的能源技术加速发展将引发全球能源变革，空间和海洋技术正在拓展人类生存发展新疆域。学科之间、科学和技术之间、技术之间、自然科学和人文社会科学之间日益呈现交叉融合趋势，科学技术从来没有像今天这样深刻影响着国家前途命运，从来没有像今天这样深刻影响着人民生活福祉。

时代的发展与进步对基础研究不断提出新的要求，时任国家自然科学基金委主任杨卫院士认为，在新时代加强基础研究的发展需要关注以下三方面。①

（一）突出动力性与支撑性

动力性体现在两方面，一是源头创新成果为创新驱动发展提供了原动力；二是基础研究的发展具有自发动力性。支撑性的特征，一是从基础研究中迸发出的新思想，不断增强源头创新能力，支撑我国创新驱动发展战略的实施；二是从基础研究中培育出的新人才是建设科技强国的重要支撑。

（二）突出前瞻性和引领性

突出前瞻性，就是要实现视角转移和思维转换，敢于提出新思想，敢于开拓科学的新边疆。突出引领性，就是要充分认识到当前重大科学突破大多具有学科交叉特征，进一步引导和加强学科交叉研究。

（三）突出融通性与颠覆性

突出融通性，就是要考虑科技创新的上下游融通和学科壁垒的跨学

---

① 杨卫. 中国基础研究步入新时代的璀璨征程［J］. 人民论坛，2017（33）：86 - 88.

科融通。突出颠覆性，就是要高度重视那些具有潜在颠覆性创新的基础研究，要进一步探索相关科研项目的资助机制，通过原创的基础性、原理性、变革性新发现，为塑造未来的新产业新业态提供科学和技术基础。

基础研究是创新驱动供给侧之源，要进一步强化源头创新与国家战略需求融会。在基础研究领域，要尊重科学研究灵感瞬间性、方式随意性、路径不确定性的特点，允许科学家自由畅想、大胆假设、认真求证。党的十九大号召要"强化基础研究"，基础研究要成为我国建设科技强国征途的知识源泉和坚实基石。

第二节　我国基础研究的成就与经验

改革开放以来，国家一直高度重视基础研究，通过设立国家自然科学基金、国家重点实验室建设计划、863 计划、973 计划，以及高等教育系统的"985 工程""211 工程"，中国科学院系统的知识创新工程、率先行动计划、先导专项等举措，不断加大对基础研究的支持力度，极大地推动了我国基础研究的快速发展。中国也在逐渐建设一系列世界科技创新中心，力争打造成为世界一流的集聚人才、集聚科技创新和基础研究创新的高地。随着进一步对基础研究的重视和投入，我国逐渐成为吸引国际性顶尖人才团队的沃土。国家层面的人才支持计划及地方政府的各类人才计划，吸引了越来越多的具有国际化视野的全球顶尖科研人才和团队集聚于中国。

党的十八大以来，在以习总书记为核心的党中央领导下，在广大科技工作者的共同努力下，通过持续不断的科技投入和经费支持，基础科研领域取得了一系列重大成就，我国的基础科研正"渐入佳境"①，并逐步进入一个璀璨的新时代②。在一系列的科技创新项目和人才项目的支持下，产生越来越多的重要科研成果，中国发现也在世界范围广为人知。

"十二五"期间，我国基础研究经费投入持续增长，从 2011 年的 411.8 亿元增长至 2015 年的 716.1 亿元，年均增幅近 15%。特别是 973 计划实施 20 年来，中央财政累计投入 442 亿元，共部署项目 1163 项，促进了基础研究与国家战略需求的结合，大幅提升了我国基础研究的水平和自主创新能力，在世界科学发展的前沿方向上取得一批具有重大影响的原始性创新成果，解决了我国经济社会发展中的大批关键科学问题，在造就将帅人才、凝聚骨干团队、促进一流基地建设等方面发挥了重要作用，为国民经济和社会可持续发展提供科学基础，为未来高新技术和战略性新兴产业的形成提供源头创新。

科技部部长万钢指出③：我国科技创新正逐渐由以跟踪为主迈入跟跑、齐跑和领跑"三跑并存"的历史新阶段，其中基础研究取得重大突破，杰出人才和重大成果不断涌现。站在历史的经验与成就上，基础研究正进入一个从量变积累到质变、从点突破到系统能力提升的重要时期。

---

① 杨卫. 渐入佳境的中国基础研究 ［J］. 中国科学基金，2017（6）：521-522.
② 杨卫. 中国基础研究步入新时代的璀璨征程 ［J］. 人民论坛，2017（33）：86-88.
③ 科技创新迈入"三跑并存"新阶段 ［EB/OL］. 中央政府门户网站，2016-03-11.

一、基础研究建设经验不断累积，国家创新环境进一步优化

自改革开放以来，我们连续实施了一系列的科技创新和基础研究支持计划以及人才支持计划，直接推动我国建立了完整的基础研究和人才培养体系，极大地提升了我国基础研究实力和国际知名度。国家层面的政策、基金和人才支持计划推动了我国基础研究事业不断前进、基础研究布局不断完善，这过程中的一些经验值得我们思考总结。

（一）863 计划和 973 计划的历史成就

作为持续时间长、支持范围广的两个重要科技创新支持计划，863 计划和 973 计划在高技术发展和基础研究能力提升方面发挥了关键作用。

863 计划，是在改革开放初期（发达国家纷纷提出高技术发展计划）的时代背景下提出的国家高技术研究发展计划。1986 年 3 月 3 日，王大珩等 4 位科学家向中央递交了"关于追踪世界高技术发展的建议"的报告，分析了当时世界高科技发展的紧迫现实，建议要全面追踪世界高技术的发展，制订中国高技术发展计划。经过广泛和极为严格的科技论证，中共中央和国务院批准了高技术研究发展计划，即后来统称的863 计划纲要。863 计划采取"有限目标、突出重点"的基本方针，瞄准国际的前沿，是科教兴国的一个重大战略部署，成为我国高技术发展的一面旗帜，也是我们科技领域的一面旗帜。[①]

[①] 詹启敏．国家"863 计划"实施管理工作回顾［J］．中国基础科学，2017（4）：19
－20.

973 计划，是 1997 年 3 月在总结 1956 年的科技发展规划指导下"两弹一星"等科技领域历史性突破基础上，提出的基础研究振兴发展计划。我国于 1998 年开始实施《国家重点基础研究发展计划》，即 973 计划。973 计划推动了中国基础科研体系的构建和完善。973 计划实施的 20 年也是中国基础研究高速发展的 20 年，我国基础研究实现了从跟踪国际前沿到同步前进，再到部分引领的跨越式发展。①

总结 863 计划和 973 计划的发展经验，发现有以下三点共同特征：①基于当时的时代背景和我国科技发展国情提出，着力发展科技创新和基础研究，有重点有目标；②瞄准一些关键领域进行专项支持，同时以项目支持带动创新人才培养和创新团队建设，从而建立了一个完整的学科发展体系、人才培养体系和结构合理的创新团队，奠定了我国在基础研究和科技创新领域的知识基础和人才基础；③建立完备的项目管理体制，包括完善的项目专家评审机制以及首席科学家负责制的管理机制，以及配套的资金和人才支持管理体制，逐渐建立起完善的同行评议制度，营造良好的学术氛围。

（二）基础研究支撑我国经济社会发展

国家科学技术部的领导总结认为，基础研究对经济社会发展的支撑引领作用持续增强，主要体现在工业技术领域、农业及健康领域，以及极端环境领域。②

---

① 饶子和．从"973 计划"到国家新型基础研究支持体系［J］．中国基础科学，2017
（4）：17 – 18．

② 黄卫．加强我国面向世界科技强国的基础研究基本布局和若干思考［J］．中国软科
学，2017（8）：1 – 8．

首先是基础研究促进工业领域前沿技术关键科学问题的突破，为我国传统产业转型升级和战略性新兴产业的培育提供了重要科学支撑。实现了甲烷一步高效生产高值化学品，有望颠覆煤化工近百年来传统的费—托反应路线。三次采油理论和绿色驱油剂研发等大大提升了我国油气资源利用效率。特高压输电系统电磁特性与绝缘放电机理研究取得突破，成果应用于我国特高压工程建设，支撑了高端技术和装备的制造和出口。毫米波通信和分布式大规模天线架构理论提升了宽带移动通信容量。

其次是在农业、健康和环境科学领域攻克了一批重大科学问题，为我国可持续发展和民生改善做出了重要贡献。禽流感、埃博拉、寨卡等病毒的分子机制和传播机理研究为重大传染病防控提供了重要支撑。水稻功能基因组研究国际领先，作物分子设计育种、优良性状调控、生物多样性优化种植理论等为我国农业发展奠定了理论基础。生物材料与干细胞治疗脊髓损伤已开始临床研究，急性早幼粒白血病分子机理、人口出生缺陷无损基因筛查等已成功实现临床应用。持久性有机污染物分析和毒理学研究成果被编入联合国环境规划署技术指南，直接服务于我国环境保护和国际履约。

在深海、深地、深空、极地和青藏高原等领域的前沿突破，有力支撑了载人航天、海洋开发、深部资源利用等事关国家权益和安全的重大战略需求，为我国南水北调、青藏铁路建设等国家重大工程的实施提供了理论基础。

（三）科技资源共享与创新保障能力增强

我国科技创新基地布局进一步优化，条件保障能力显著增强。以国家重点实验室为代表的我国基础研究和应用基础研究的骨干基地，在承担国家基础研究任务、培养和吸引优秀人才、产出原创成果等方面发挥了重要作用。国家重大科技基础设施与大型科研仪器设备开放共享水平大幅提升。国家重大科技基础设施已经基本形成了与国际接轨的开放共享运行机制。教育部建立了"高等学校仪器设备和优质资源共享系统"，绝大多数高校建立了仪器在线服务平台。中科院建立了统一的大型仪器开放共享管理平台，并实施了共享服务后补助。

国家重大科技基础设施加快向体系化方向发展，一大批大科学装置成为"国之重器"，有力支撑了基础科学前沿问题的研究。500 米口径球面射电望远镜（FAST）、托卡马克核聚变研究装置（EAST）、超强超短激光实验装置、稳态强磁场装置等一大批大科学装置为进一步开展基础研究提供了平台，提升了我国科研人员在相关学科领域的科研条件和科研实力，以及国际话语权。"工欲善其事，必先利其器"，实验表征手段和实验平台装置的建设是提升基础科研能力的关键，也是基础科研中最基础、最源头性的环节。大科学装置的建设以及大仪器项目的推行正在逐步推动我国从基础科研源头方面提升自主创新能力。

科学数据和种质资源开放共享取得新进展。目前已建成 28 个国家科技资源共享服务平台，推动全国近 800 家高校院所和企业参与科技资源开放共享，已累计整合农业、气象、人口与健康等领域的 71 大类科学数据超过 1.6PB，初步形成了一批国家科学数据中心。

具有地方特色的基础研究蓬勃兴起，多省市设立了基础研究专项计划，积极对接国家基础研究重大项目和重大科研基地部署，整体基础研究水平和区域创新发展能力提升。相关部门和地方根据发展需求建设了一批部门重点实验室和地方重点实验室。各地认真落实《国务院关于国家重大科研基础设施和大型科研仪器向社会开放的意见》，大力推动科技资源共享。天津市推动校企协同创新实验室建设，引导高校优势学科专业与相关企业合作，由企业出资建设实验室，建设场地在高校内部，校企双方选派人员进入实验室，共同管理，企业与高校充分发挥比较优势，推动双方形成长期战略合作关系。地方推动科技资源服务区域创新和双创成效显著。①

二、学科科研实力整体提高，研究品质显著上升

随着持续性的科技支持、科研人才的引进以及科研团队的培养，我们学科科研实力整体得到了大幅度提升，研究品质显著上升。我国高影响力研究工作占世界的份额达到甚至超过总学术产出占世界的份额；中国 C9 高校的高水平研究工作占比超过日本 RU11 的对应占比；我国各学科领域加权的影响力指数（FWCI）从 20 年前的 0.37 增长至 2016 年的 0.94，接近世界均值②。从学术论文数量角度来研究我国科研成果产出，可谓成效显著、成果出乎意料。2016 年，我国 SCI 论文数量 29 万篇，比上年增长 9.7%，连续多年居世界第二，总被引次数连续 3 年位居第四位，成为仅次于美国的全球高质量论文第二大贡献国。③

学科布局不断完善，学科交叉融合日益深入，2016 年国际 100 个

---

① 黄卫. 加强我国面向世界科技强国的基础研究基本布局和若干思考 [J]. 中国软科学，2017（8）1 – 8.

② 杨卫. 中国基础研究步入新时代的璀璨征程 [J]. 人民论坛，2017（33）：86 – 88.

③ 杨卫. 中国基础研究步入新时代的璀璨征程 [J]. 人民论坛，2017（33）：86 – 88.

热点前沿和 80 个新兴前沿中，我国在化学、材料科学，以及物理、生物、工程、数学、计算机等领域表现卓越的研究前沿有 30 个，位列世界第二。我国从事基础研究的全时人员总量由 2011 年的 19.3 万人年增加到 2015 年的 25.3 万人年，在国际学术组织和国际知名科技期刊担任重要职务的人数显著增加。杨卫院士认为，我国科技界在以下四大学科板块，均处于整体加速成长发展阶段。

第一板块是以材料科学、化学、工程科学为代表的三个学科，其学术论文总量已经发展进入与世界科技强国总量并行阶段，学术论文产出均居世界第一，处于学科发展的第一梯队。但是这些总量第一很大程度上来源于我国科研人员数量上的优势，以及论文数量上的优势，而非质量上的优势。而且，这些学科是明显的偏向应用型的学科，更加注重实际的产出效益，而不是论文数量，需要进行深度的"产学研"融合发展，将学术论文的产出，转化成产业产品的产出，才能够从根本上实现基础科研到应用研究的转化，实现基础科研带动产业创新发展，实现产业化，产生社会经济效益。

第二板块是由数学、物理、天文、信息等学科组成的数理科学群，该板块虽尚不及美国，但亮点纷呈。整体而言，该板块处于学科发展的第二梯队，正处于全面加速发展，以及追赶阶段，且在发展过程中呈现出亮点纷呈的发展态势。比如在几何与代数交叉、量子信息学、暗物质、超导、人工智能、中微子物理等方面成果突出。以中科大潘建伟院士领衔的量子通信研究团队取得了举世瞩目的研究成果："墨子号"量子通信实验卫星的发射是我国在该领域处于世界领先水平的标志、来自中科院物理所和南京大学的科研团队在拓扑半金属研究领域取得了世界领先的研究成果，来自吉林大学的高压科学研究团队在高温超导理论预言方面取得了世界前沿的研究成果等。整个数理、信息学科构成的数理科学群是未来科技创新发展的战略制高点。当前，我国科技界呈现出全力追赶的好势头，需要进一步加强对支持，保持发展的良好态势，促进全面赶超的良好局面。

第三板块是大生命科学板块，处于学科发展的第三梯队，正呈现出全面高速增长态势。在包括传统农业科学、药学和生物学等学科的宏观生命科学领域，相应研究成果接近世界前列；在分子生物学领域则完成布局，呈现跃动式发展态势。临床医学虽然差距较大，但增速最快，如2017 国家自然科学基金项目医学领域申请量达 5.6 万份。大生命科学是关系人类健康的大领域，未来，将大生命科学和信息学科相结合，将是打造智慧医疗和智慧健康的重要发展机遇期，也是我国实现该领域基础科研战略积累的重要机遇期。该领域的发展不仅仅关系到基础学科建设问题，还关系到人类健康问题，以及对人类自身认识等系列问题。我们在未来还需要进一步加强对该板块的投入和支持，进一步提升该领域的基础科研实力和产出能力，提升国际发语权，维护国民健康安全。

第四板块是地球科学和环境科学板块，目前发展水平较低，相关学科科研从业人员不足，整体竞争力不足，处于学科发展第四梯队。但是随着环境保护问题日益凸显，以及全球气候变化问题日益严峻，对相关学科领域越来越重视，相应学科发展也得到了极大支持，并培养了一大批优秀的科研团队。

三、青年科技人才快速崛起

经过几代科技工作者的努力，经过几十年的发展，我们逐步建立了完整的科学体系以及学科门类，并且培养了一大批中坚科研力量，在各个领域均形成了老中青年龄结构合理、科研能力突出、特别能攻关、特别能吃苦、特别能战斗的科研团队。

青年强则国家强，科技创新是一项集智力型和体力型的创造性活动。青年科技人才因为缺乏条条框框的束缚，思维活跃、体力精力集中，正处于基础知识积累、实验技能积累的巅峰时期，也是体能的巅峰时期，具有颠覆性的创造力，是诞生基础研究创新成果的重要力量。具有国际化研究视野的创新型人才在学术视野、科研能力方面具有巨大创造力，成为我国近些年人才政策的主要吸引对象。

在人才项目的支持下，越来越多的海外青年才俊回国发展，贡献智慧和力量，带动了我国相关学科领域基础科研实力的大幅度提升。海外青年科技人才从十年前的少数回国发展，到当前的出国和回国基本平衡。国家杰出青年科学基金、优秀青年科学基金等青年人才项目申请热度持续飙升，人才待遇空前提高。项目主持人年轻化趋势明显，据国家自然科学基金委统计，若干个领域的面上项目主持人平均年龄近 5 年每年年轻 1 岁左右。

四、国际合作地位日益提高

中国正在逐渐走向世界，世界也正在关注中国。国际科学合作方已从应对式的被动合作转为期盼式的主动合作。国家自然科学基金委员会已与 49 个国家或地区的 91 个机构签署了合作协议或谅解备忘录。我国主导的"支持科学人才合作，共创'一带一路'未来"国际研讨会，吸引了 30 多个国家或地区的科研资助机构参加。常态化的国际学术交流合作正成为基础研究学者科研生活的一部分，越来越多的中国学者得到国家同行的承认，并在国际学术组织和学术会议中承担重要角色；世界各国均期盼中国在参与和引领全球重大科学挑战方面迈出新步伐，并积极寻求与中国在基础研究领域的交流与合作。

改革开放以来，我国在人才培养和人才赴海外交流学习成为提升我国人才创新能力的一项重要举措。随着经济全球化，越来越多的学者走出国门与国际同行开展学术交流和合作，并逐渐在科研圈中建立了友好的国际同行合作以及评议机制，中国学者在参与国际学术交流的过程中也越来越有发语权，并且越来越多的重要科研成果诞生于中国。国家留学基金委每年都会资助一批留学生赴海外开展相关学术科研和学术交流，各大知名高校也开展了短期访学和短期交流，以及长期合作培养研究生的项目。这些合作交流机制极大地促进了我国人才知识结构和国际化视野的完善。

同时，我国学者在参与国际学术交流合作中也日益频繁，基本上每个学科领域都有本学科的顶级国际会议。近些年，越来越多的我国学者在国际会议上做学术报告和海报展示，向国际同行介绍我国研究成果。广泛的国际合作关系网进一步拉近了我国与先进发达国家的科研交流，缩小了差距。我国在国际科学合作网络中已从 2009 年处于第一近邻圈的地位，上升为 2014 年的次中心位置。中国已成为各种国际学术会议召开的热门地点。越来越多的我国学者在国际同行中有很高的学术声誉，也在国际同行评议和国际学术组织中承担越来越重要的角色。

过去几十年，特别是党的"十八大"以来，我国在基础研究领域取得了一系列显著成绩，可以得到一个结论：我国的基础研究走入了新时代。新的学科布局基本完成，基础学科实力和科研实力大幅度提升，并在一些关键领域有了质的飞跃；从做大研究规模和学术产出到做强研究质量的转变已经初见端倪；年青一代科学工作者在基础研究科研实践中得到了极大锻炼与提升，并正逐渐成为新时代基础研究的主力军。

中国正在逐渐走向世界，世界也在聚焦中国。未来，中国的基础研究将会是进一步加强与世界各国协同攻关的状态，成为世界基础科研创新成果的参与者和引领者，并成为世界级重要科技成果的贡献者。

第三节　我国基础研究的问题和不足

改革开放以来，特别是党的十八大以来，我们在科技创新和基础研究领域取得了一系列的显著成就，我们的学者日益在基础研究的国际大舞台上发挥重要作用，取得世界领先的科技成果。在取得巨大成就的同时，我们也应该看到存在的一些问题和不足，存在一些制约进一步释放科技创新潜能的因素。当今我们正处于以信息产业为主导的世界经济发展的重要战略机遇期①。我们要把握数字化、网络化、智能化融合发展

---

① 习近平. 在中国科学院第十九次院士大会、中国工程院第十四次院士大会上的讲话［EB/OL］. 新华网，2018－05－02.

的契机，以信息化、智能化为杠杆培育新动能。在"智能＋"时代，基础研究对产业和经济发展的贡献愈加重要。在"大数据"和"智能＋"的时代背景下，我们更加需要进一步加强基础研究，加强基础研究和应用研究相结合，推动基础研究成果产业化转移，提升我国在基础研究和科技创新方面的整体实力，从而促进经济发展。

2018 年 5 月，习总书记在两院院士大会上深刻分析了当前全球科技创新发展的时代背景，以及我国在科技领域面临的一些突出问题①。当前，我国科技领域仍然存在一些亟待解决的问题，特别是同党的十九大提出的新任务新要求相比，我国科技在视野格局、创新能力、资源配置、体制政策等方面存在诸多不适应的地方。我国基础科学研究短板依然突出，企业对基础研究重视不够，重大原创性成果缺乏，底层基础技术、基础工艺能力不足，工业母机、高端芯片、基础软硬件、开发平台、基本算法、基础元器件、基础材料等瓶颈仍然突出，关键核心技术受制于人的局面没有得到根本性改变。我国技术研发聚焦产业发展瓶颈和需求不够，以全球视野谋划科技开放合作还不够，科技成果转化能力不强。我国人才发展体制机制还不完善，激发人才创新创造活力的激励机制还不健全，顶尖人才和团队比较缺乏。我国科技管理体制还不能完全适应建设世界科技强国的需要，科技体制改革许多重大决策落实还没有形成合力，科技创新政策与经济、产业政策的统筹衔接还不够，全社会鼓励创新、包容创新的机制和环境有待优化。

---

① 习近平. 在中国科学院第十九次院士大会、中国工程院第十四次院士大会上的讲话［EB/OL］. 新华网，2018－05－28.

现在，我们迎来了世界新一轮科技革命和产业变革同我国转变发展方式的历史性交汇期，既面临着千载难逢的历史机遇，又面临着差距拉大的严峻挑战。我们必须清醒地认识到，有的历史性交汇期可能产生同频共振，而有的历史性交汇期也可能擦肩而过。

我国原始创新能力相比发达国家，仍然薄弱，基础研究成为我国发展的一个"短板"，比如重大原创性成果偏少，支撑产业技术创新的应用基础研究薄弱；在重点产业领域的关键技术方面存在不足，产业对共性技术科学基础的研究不够，比如芯片、操作系统和高端材料等方面一直受制于人。基础研究成为"短板"，成为建设科技强国中的薄弱环节，受到多种因素的影响，具体包括基础研究的经费投入问题、管理体制问题和科研人员的培养问题三方面。

一、基础研究的经费投入

（一）经费投入总量不足，结构单一

我国的基础研究的经费在量上存在着投入总量不足、投入主体单一的问题，"基础研究经费总量与结构存在'双失衡'的现象"。① 近年来，尽管基础研究经费支出总量持续增长，但基础研究经费支出占全社会研发支出的比重长期在5%左右，而美国为19.0%，日本12.3%，英国是11.3%。由此可见，与发达国家相比，我国在基础研究方面的经费投入还远远不足。

---

① 叶玉江.科技强国须补好基础研究短板［J］.学习时报，2017－07－05.

其次，在经费投入的主体上，和美国相比，数据显示①，美国联邦政府的基础研究投入占 29%，我们是 70%；美国地方政府的基础研究投入占 18%，但我国地方政府投入基本上在 10% 左右；美国企业投入的基础研究达到 28% 以上，我们企业大概只有 1.5%。此外，美国社会对于基础研究的投入，社会捐助、慈善事业对基础研究的投入也占 13% 左右，我们社会投入占比连 1% 都不到。我国在基础研究方面的经费投入主体过于单一，以中央政府为主，地方政府、企业和社会力量的参与比例很少。

（二）企业基础研究投入不足

企业走在社会经济发展最前端，是促进社会经济发展的关键力量，创新驱动发展战略要求企业必须依靠创新的驱动作用，为经济发展助力。然而，过去 10 年统计表明②，企业对基础研究的投入仅占全国基础研究总投入的 1.5%，占企业研发投入的 0.1%。美国、日本、欧盟等的企业基础研究经费占到基础研究总经费的 20%。我国企业的创新能力和管理水平还存在较大差距。核心、关键技术不足，导致制造业大而不强，大部分企业仍处于产业价值链的中低端，中高端芯片、数控机床等还主要依靠进口。③

我国企业对基础研究重视程度不够，基础研究投入和积累不够，导致原始创新能力非常薄弱。企业研发支出几乎全部用于技术和试验发展，较少关注产业发展的科学问题，以及未来可能带来重大技术突破的

① 万钢．面向科技强国的基础研究［J］．中国基础科学，2017（4）：1 - 8.
② 叶玉江．科技强国须补好基础研究短板［J］．学习时报，2017 - 07 - 05.
③ 吕薇．新时代中国创新驱动发展战略论纲改革．2018（2）：20 - 30.

基础研究。因此，企业的缺位导致基础研究和应用脱节，科研人员与企业家缺乏沟通，企业无法获得知识和能力储备，基础研究的成果也很难找到向市场的转化渠道。

（三）经费投入管理模式待改善

政府支持基础研究的方式主要是两种①。一种是稳定的支持，就是把经费直接交给科研机构、大学来管理，科研机构和大学根据他们自己对未来科学发展的判断来安排。第二种是竞争的支持方式，主要是通过各种计划、基金来安排，政府发布资助方向和指南，各个单位可以通过公开竞争的方式来争取承担项目。

针对基础研究存在研究耗时较长、不确定性等特点，目前的经费管理模式在一定程度上限制了基础研究的发展。我国科研机构靠竞争性项目开展基础研究，缺乏持续稳定的支持，导致无法围绕国家使命进行长期性探索，难以产生重大原创成果。一些项目计划已批准执行，但经费迟迟不到位；课题结题后，剩余的课题经费立即被冻结并上缴；一个项目结题后能不能继续做下去，变成了未知数，需要科研人员四处争取题目，严重影响研究工作的深入持续开展。

二、基础研究的管理体制

（一）行政干预较多

2018 年 5 月 29 日，李克强在中国科学院第十九次院士大会和中国

---

① 国务院关于全面加强基础科学研究的若干意见［EB/OL］．中国政府网，2018 - 01 - 31.

工程院第十四次院士大会上做经济社会发展形势报告时表示，要为科学家开辟绿色通道，加快解决束缚科研人员手脚的课题申报、经费管理、人才评价、成果收益分配等方面存在的问题，较大幅度提高国家科技奖奖金标准。李克强说："基础研究属于发明创造，行政规划不出来，必须尊重科学规律。要给科学家足够的产生奇思妙想的时间和空间，释放他们更大的创新创造活力。大家想一想牛顿坐在苹果树下突发奇思妙想发现了'万有引力'，这是事先能够规划出来的吗？恐怕连他本人也规划不出来。"①

不少学者指出，基础研究领域中的很多具体的问题，资源分配、科研考核评价，或者制定具体措施和政策，评审项目等，从导向上看，本质上都是官员政绩的折射的体现。因此受政绩考核标准的驱动，政府在管理基础研究时，往往过多不恰当的干预，影响基础研究自身应有的发展脉络。"一项工作变成政绩的要求了，就会要求在官员的任期内快出成绩，追求短期的成果。"② 基础研究本应"慢工出细活"，然而现实中研究成为被拿来作为炫耀政府业绩的道具，这样基础研究的创新与发展必然受到限制。

此外，除了追求政绩的逻辑导向，赵文津院士还指出③，"有一些行政领导既缺乏业务基础，又不深入了解情况，只强调要上大项目，认

---

① 李克强. 基础研究属于发明创造，行政规划不出来［EB/OL］. 中国政府网，2018 – 05 – 31.

② 刘兵. 制约我国基础研究发展的两个深层原因［J］. 科学与社会，2017，7（4）：17 – 19.

③ 赵文津. 如何将中国的基础研究推动上去［J］. 科学与社会，2017，7（4）：30 – 42.

为大项目和大投入后，必能出大成果，结果却不是这样"，"一些领导公开讲'我不给你项目你就没有饭吃'，把基础研究的管理等同于工程项目的管理，把科技工作人员当成被雇佣者"，这种片面的和错误的管理态度，既没有认识到基础研究的意义和价值，而且完全否定了科学家、技术专家等科技人员的地位和作用。一般来说，工程项目有具体的实施路径和可预期的结果，但是基础研究的情况则更加复杂，不能仅仅用"大项目、大投入、大产出"的方式来管理基础研究的问题，否则只会造成科研工作短命、成果碎片化、研究的积极性被破坏，难以产出重大的基础研究成果。

（二）科研评价机制和政策不合理

现在的评价，无论对单位还是对个人，无论评一流、评先进还是评优秀、评职称，实际上都是强调量化方法。这种方法把科研的本质异化，本应争取研究的创造性，实际上却变成了追求论文的评优指标。

评价的急功近利导致科研浮躁现象突出。从国家、地方到研究机构各层级都存在大量的项目、基地、人才、成果等评价活动，而且越来越复杂。评价中唯论文导向突出，不同领域、不同阶段的科研活动都简单采取论文评价。评价的急功近利导致科研人员"避重就轻"，只围绕热点搞研究，不去做难度大、风险高的原创性研究，甚至出现科研活动失范行为。长期沉下心来从事基础研究的人员数量比例呈下降趋势，原来主要从事基础研究的高校和科研院所也把力量投入到见效快的项目。

清华大学的刘兵教授也指出，功利性是制约我国基础研究发展的深层原因。"当初引进西方科学时，正值中华民族面临世界列强的威胁，是为了救亡图存，为了发展，为了应用，因此有着很强的功利性目的"①。这种历史的烙印一直持续到今天，当我们对科学抱有很强的功利性目标时，就不会对以认识自然为导向的基础研究有足够的重视，甚至在制订基础研究的计划时，总要论证其潜在的社会经济价值。

（三）基础研究组织方式不适应大科学时代

随着科技发展进入大科学时代，大科学装置成为核心载体，跨领域、跨国界、长周期大尺度研究成为重要内容，全球性大协作大投入成为主要方式。发达国家纷纷通过建立以国家实验室为代表的科研组织方式，围绕国家目标进行长期稳定的支持，构筑大科学时代的核心竞争力。而我国的国家实验室体系还没有充分建立起来并发挥价值。

《"十三五"国家基础研究专项规划》中指出，我国基础研究在引领前沿导向、主导国际大科学计划和大科学工程等方面欠缺，体现为没有提出大的科学计划，科学指导思想没跟上。我国科研机构靠竞争性项目开展基础研究，缺乏持续稳定的支持，迫使科研人员到处找项目，挣饭吃，很难进行基础研究的长期性探索，难以产生重大原创成果。同时，大科学装置的能力也比较薄弱，跨国发起和组织大科学计划的人才和经验都非常缺乏。

三、科技人才的培养和管理

（一）人才培养机制不完善

科技人才在基础研究汇总方面发挥着重要的作用，但是现在我国在

---

① 刘兵. 制约我国基础研究发展的两个深层原因［J］. 科学与社会，2017，7（4）：17-19.

科技人才培养的整体机制上还存在不足，"我们无论在人才培育、成长、选拔、交流、评价体制方面都不适合科技强国的要求"①，没有给科研人员建立起一个鼓励探索、挑战位置的创新环境。中国有人才，但伯乐并不常见，当前行政式的选人和用人办法达不到培养和使用人才的目的，首席科学家使用人才的权力有限，导致我国缺乏能够心无旁骛、长期稳定、深耕科学的基础研究队伍，具有世界影响力、获得国际认可的大科学家数量匮乏。

其次，在评价人才的过程中，人才帽子满天飞，评价人才不看实际贡献，而是看人才头衔。各种人才计划开始带来副作用，成为单位争取人才指标的导向，研究工作者的个人身份变得固化，戴上了"帽子"后变得不作为，影响了研究的积极性。

基础研究是建设科技强国的基石，这是整个国家和社会的事业，而不仅仅是某些研究机构或个别企业的任务。我国人才交流机制还不够完善，而在发达国家的理论专业里都有具备企业或者研究所工作经验的人才，从这个角度来说，它的人才交流机制非常通畅。对比我国的人才交流机制，在企业工作的研究人员，很难再进入"体制内"的科研机构或高校。

（二）科技工作者的理想信念不够坚定

从事基础研究的工作，需要心无旁骛、潜心钻研。从事科技工作，面对的是比其他工作更大的挑战。目前，勇于探索、认真求证、追根寻源、甘于寂寞的科学精神还植根不深，创新还没成为整个民族的文化自

---

① 万钢. 面向科技强国的基础研究 ［J］. 中国基础科学, 2017（4）: 1 – 8.

觉，这也是使我国基础研究发展受到制约的原因之一。现在的科研人员还没有"甘坐十年冷板凳""以学术为志业"的毅力和勇气。

其次，赵文津院士也提出①，"中国人缺乏'穷究物理'的格物思想，对发现的现象，不愿穷究其机理，刚发现线索研究就停步不前了"，"'自力更生、奋发图强'思想还远未深入人心"。缺乏追求真理的信念，对自己的科技创新能力缺乏信心，这样导致我国基础研究中与重大发现失之交臂，错失了能发现重大科技成果和提出原创性理论的机会。

第四节 强化基础研究的若干措施和建议

进入 21 世纪以来，全球科技创新进入空前密集活跃的时期，科技创新能力成了衡量国家经济实力和综合国力的重要指标，并成了制约经济发展和影响经济安全、国家安全的一个重要因素。习近平总书记在 2016 年召开的全国科技创新大会上提出建设世界科技强国的奋斗目标，并对基础研究和科技创新提出了新要求，"我国科技界要坚定创新自信，坚定敢为天下先的志向，在独创独有上下功夫，勇于挑战最前沿的科学问题，提出更多原创理论，做出更多原创发现，力争在重要科技领域实现跨越发展，跟上甚至引领世界科技发展新方向，掌握新一轮全球

---

① 赵文津. 如何将中国的基础研究推动上去［J］. 科学与社会，2017，7（4）：30 - 42.

科技竞争的战略主动。"广大科技工作者和科技工作服务者要自觉深刻领会总书记的讲话精神，将提升科技创新和基础研究创新能力落到实处，提升我国整体的科技创新能力，助推经济发展。

自改革开放以来，我们连续实施了一系列的科技创新和基础研究支持计划以及人才支持计划。国家自然科学基金、国家重点实验室建设计划、863 计划、973 计划，以及教育部 985 工程、211 工程、中科院知识创新工程、率先行动计划、先导专项等一系列举措直接推动我国建立了完整的基础研究和人才培养体系，极大地推动了我国基础研究事业不断前进，提升了我国基础研究实力和国际知名度。

在强化基础研究创新能力方面，我们应该从多个层面进行协同努力，协调好各个部门的关系，齐心协力，方能推动我国基础研究领域的整体创新能力提升。

一、完善国家政策和制度保障

基础研究创新是一件高投入、创造性的活动，必须从政策层面给予持续不断的支持。必须从国家宏观科技政策、人才政策和财税政策方面支持鼓励科技创新，特别是基础研究创新，鼓励基础研究创新型人才培养。鼓励高校、科研院所，以及企业积极参与基础研究创新。积极从国家层面协调建设一些大科学装置和科技创新中心，为基础研究创新提供源源不断的平台支撑。

十八大以来，我国政府先后出台了一系列支持基础研究的宏观政策，比如《关于深化中央财政科技计划（专项、基金等）管理改革的方案》《关于进一步完善中央财政科研项目资金管理等政策的若干意见》《深化科技体制改革实施方案》《关于实行以增加知识价值为导向分配政策的若干意见》《关于分类推进人才评价机制改革的指导意见》《关于深化科技奖励制度改革的方案》《"十三五"国家基础研究专项规划》和《国务院关于全面加强基础科学研究的若干意见》等。这些方案的出台从宏观政策层面给科技创新和基础研究提供了保障。

（一）围绕重大问题和科学前沿完善学科布局

加强基础研究和应用基础研究，推动数学、物理等重点基础学科发展，围绕科学前沿和国家需求强化重大科学问题超前部署；优化国家科技计划基础研究支持体系；优化基础研究区域布局；推进国家重大科技基础设施建设。促进基础科学与应用研究融通，既要重视原创性、颠覆性的发明创造，也要力推智能制造、信息技术、现代农业、资源环境等重点领域的应用技术创新。

事实上，作为当时我国面向高技术领域最宏大的科学计划，863计划取得成功，也是因为在实施管理过程中是瞄准世界高技术的发展前沿，不注重追求兼顾所有学科，而是按照"有所为、有所不为"的原则，根据国际前沿和国家需求，选择对国家长远发展和国家安全有重要影响的高技术领域，以提高中国自主创新能力为宗旨，坚持战略性、前沿性和前瞻性，以前沿技术研究发展为重点，统筹部署高技术的集成应用和产业化。[①]

加强自由探索研究与学科体系建设，加强科学前沿探索，进一步加

---

① 詹启敏. 国家"863计划"实施管理工作回顾［J］. 中国基础科学, 2017 (4)：19 － 20.

大对好奇心驱动基础研究的支持力度，加大对非共识创新研究的支持力度，鼓励质疑传统、挑战权威，重视可能重塑重要科学或工程概念、催生新范式或新学科新领域的研究。组织实施重大科技项目，着眼于更长远的国家重大战略需求，构建未来我国科技发展制高点，组织若干项基础研究类重大科技项目。着力发展量子通信和计算机、脑科学与类脑研究两大领域。加强目标导向的基础研究和变革性技术科学研究，针对事关国计民生的农业、能源资源、生态环境、健康等领域，以及事关产业核心竞争力、整体自主创新能力和国家安全的领域，进一步聚焦国家目标，充分发挥基础研究的战略支撑作用。

（二）改革基础研究机制促进成果转化

加强基础研究顶层设计和统筹协调，建立基础研究多元化投入机制，深化科研项目和经费管理改革，推动基础研究与应用研究融通，促进科技资源开放共享，完善符合基础研究特点和规律的评价机制，加强科研诚信建设，推动科普、弘扬科学精神与创新文化。

加强国家科技创新基地和科研条件建设，完善科学与工程研究类国家科技创新基地建设与布局，推进国家重点实验室的优化布局和发展。推进国家重大科研基础设施的建设和运行，加强野外科学观测研究站建设和科技基础资源调查，夯实孕育原始创新的物质技术基础。

加大体制机制创新，采取政府引导、税收杠杆等方式，激励企业和社会力量加大基础研究投入。以重大项目攻关为中心集聚创新资源，探索开展基础研究众包众筹众创，推动重大科研数据、设施、装备等创新资源向社会开放共享。支持高校和科研院所自主布局基础研究，扩大科研人员研究选题选择权，完善以创新质量和学术贡献为核心的评价机制，建立容错机制，鼓励自由探索、挑战未知。

既要发挥政府科技计划的引导作用，又要发挥资本市场的作用，依靠政府、科研机构和市场的力量，调动各方面的积极性，加强各类科技计划的衔接，促进基础研究成果的进一步开发和利用。还要建立针对基础研究的应用转化类科技计划，加强基于基础研究的应用研究，促进对基础研究成果的开发利用。推动产学研结合，由于从基础研究到产业化应用之间的不确定性大、周期长，需要的投入多，因此有必要采取多种方式，推动大学和政府科研机构的科研成果向应用转化。可以完善法律保障推动大学和科研机构的基础研究成果转移和转化，实施政府科技计划或政府技术转移资金，帮助国家实验室的成果向企业扩散。

发挥企业在基础研究及其转化中的作用。基础研究成果并不都能转化为应用，只有少数成果可通过市场发现其应用价值。因此，要发挥好政府和市场的作用，建立有效的市场发现机制，促进相关成果转化和应用。要鼓励有能力的企业自主开展以需求为导向的应用基础研究，支持企业参与国家基础研究项目，提高企业的基础研究投入和能力；吸引处于行业技术前沿的企业参与国家基础研究计划项目指南编制，选择反映产业发展需求的基础研究课题；进一步开放大学和科研机构的国家实验室，加强研究机构与企业的研究合作与人员交流；建立种子基金，发挥创新创业对转移转化科研成果的推动作用。

（三）主动组织和加强国际科技合作与交流

《国家创新驱动发展战略纲要》明确了我国建成世界科技创新强国"三步走"的战略目标。建成世界科技创新强国的一个重要特征，就是"拥有一批世界一流的科研机构、研究型大学和创新型企业，涌现出一批重大原创性科学成果和国际顶尖水平的科学大师，成为全球高端人才创新创业的重要聚集地"，依靠科技进步和全面创新提高劳动生产率、社会生产力和经济发展质量。与欧美等资本主义国家相比，我国的发展"后来居上"，但是仍有许多要向国际上有着深厚创新实力和工业基础的国家学习和借鉴的地方。因此，我们应当主动加强国际合作和交流，不可"闭门造车"，要主动走出去，向世界学习先进的基础研究成果，也向世界展示我国的成就。973 计划的成功经验也表明①，鼓励国际合作研究项目，吸引海外科学家参与我国重点基础研究工作，为我国基础研究的发展提供了人才保障。

在经济全球化的浪潮中，我们要加强多方引才引智，加大国际科研合作，大力培养和引进战略科技人才，加大中青年人才储备，稳定支持优秀创新团队持续从事基础科学研究，支持海外专家牵头或参与实施国家科技项目。组织和加强重大国际科技合作与交流，以全球视野谋划我国基础研究发展，积极融入和主动布局全球创新网络，提高基础研究国际化水平。组织实施国际大科学计划和大科学工程，深化基础研究国际合作，加大国家科技计划对外开放力度，有效利用和整合全球创新资源，服务"一带一路"重大倡议需求，推动基础研究多层次、全方位和高水平的国际合作服务国家战略。

二、改革基础研究管理服务

改革当前不利于发挥基础研究工作者创新潜力的一切阻碍因素，从

---

① 饶子和. 从"973 计划"到国家新型基础研究支持体系［J］. 中国基础科学，2017（4）：17 - 18.

项目管理、财务管理和人才评价体系三个层面进行改革，形成"公平""廉价""高效""服务"的基础研究管理服务风尚。基础研究离不开持续性的支持，需要构建一个良性循环的科研服务管理体制、改变当前不符合时代背景的科研项目管理体制和单一学术考评体系。面向一些关键共性支撑技术建立国家实验室或者是科技创新中心，给予连续支持，加强共性支撑平台服务广大科技工作者的能力，加强跨界交流、同行交流，简化科技项目申报和财务管理、报销流程，协助科技工作者从繁重的事务性工作中解放出来，将更多的时间、精力花在聚集关键性基础科学问题研究领域，充分释放科技工作者的研究潜力和创新动能。

发挥科学共同体的自主性，避免非学术因素的干扰①。把握世界科技发展大势、寻找前沿科学的突破口是形成科学共同体集体智慧的学术活动。在学术评价和社会评价交织在一起的时候，显现出科学共同体自主性的不足，同时出现缺位和越位的问题。因此，从政策、制度等方面加强科学共同体的自主性，建立有利于创新的更严谨、更规范的科学文化，是建设世界科技强国的必由之路。

培育一个健康的科学文化环境。基础研究和工程项目不一样。基础研究是科学探索，是不能制订标准化的计划和目标的，和有着确定目标的工程不同，基础研究的进展和探索存在很大的不确定性。因此，要培育允许失败且敢于承认失败的科学文化环境，创造基础研究的文化土壤。对自由探索的研究项目以同行评议为主；对满足国家战略需求的研

---

① 杜鹏. 寻找前沿科学的突破口，促进基础研究发展的转型 [J]. 科学与社会，2017
　　(4)：26 - 29.

究项目以目标评价为主。实行科学研究项目与人才培养结合。发挥科研人员的自主性和创造性，管理上体现鼓励创新、容忍失败的创新文化，创造科学家自由探索的研究环境。①

在基础研究管理服务方面进行多角度、多方位创新，培育一个健康的科学文化环境，培养一大批业务精干、能力突出、廉洁奉公的基础研究管理服务队伍，充分发挥科学共同体的自主化、建设一支学术鉴别力强的同行评议专家库，加强同行评议的公平公正性，充分发挥同行评议团队在科研项目管理中的积极作用。

三、加强人才培养和创新团队建设

习总书记在 2018 年两院院士讲话中指出：② 我们坚持创新驱动实质是人才驱动，强调人才是创新的第一资源，不断改善人才发展环境、激发人才创造活力，大力培养造就一大批具有全球视野和国际水平的战略科技人才、科技领军人才、青年科技人才和高水平创新团队。加强创新型人才培养和人才引进工作，积极建设国际一流的基础研究创新团队，是我们实现基础研究创新发展，提升基础研究实力的关键举措。

从世界范围来看，当前正在酝酿新的一轮科技革命，以新材料、数理科学、信息技术为核心的智能化，以及大生命科学是未来科技革命的主要发展方向。面向未来，我们需要进一步提前布局相关战略技术的基础研究，并加强基础研究和应用技术研究的交叉融合，促进产业化，提

---

① 吕薇．新时代中国创新驱动发展战略论纲改革．2018（2）：20－30.
② 习近平．在中国科学院第十九次院士大会、中国工程院第十四次院士大会上的讲话［EB/OL］．新华网，2018－05－28.

升基础研究成果转化成社会效益的能力，从而推动整个社会文明的进步与发展。未来的发展还需要进一步的持续性投入，以及广大科技工作者的奋斗与坚守。

第一，要强化战略科学家的作用，大力开展世界科技发展大势的研判，发挥战略科学家在科技创新方面的引领作用。世界科技强国要瞄准大目标、解决大问题，做国际学术界的举旗者、领跑者，做到科学发展引领经济社会发展、中国科学引领世界科学发展，而不是模仿跟风。通过战略科学家的集体讨论和探索，提出新的、深刻的、具有前瞻性的科学问题，判断在当前的条件下能否解决这些问题，并且对于经济社会发展具有非常重要的引领意义。在学科发展战略或规划的制定上，应结合科学技术和经济社会的发展需求，在分析科学前沿发展趋势的基础上，寻找新的学科生长点和方向。具体地说，需要着眼于科学前沿和国家战略需求，围绕事关科技创新发展全局和长远问题进行讨论。

第二，要加强创新团队建设，给创新团队带头人足够的自主性，不拘一格选人、用人，用好人才。在一些关键性领域，逐渐通过项目支持培育一批创新团队，给创新团队带头人足够的选人用人自主性，强化制约创新团队发展的不利因素，改革人为设置的政策"壁垒"。开放国家实验室，促进大学和研究机构与产业界的人员和知识交流，加强与企业联合研究开发，提高企业研发水平和国家实验室资源的利用效率。一是允许企业以合同研究、合作研究、资助研究等各种形式参与联邦实验室的研究；二是向产业界开放大型科研设施；三是积极促进创新基础研究人员交流。

第三，要加强青年人才培养和选拔，培育一批具有国际视野的青年创新型基础研究人才。着力解决青年人才关心的热点问题和难题，给青年人才提供安居乐业的生活环境，无忧无虑的科研氛围，破除单一的、功利性唯论文型考核评价机制，让更多的青年才俊能够静下心来做研究，真正聚焦于解决关键性基础科学问题，聚焦于关系国计民生的共性支撑性关键技术研究，提升原始创新能力。青年人才是最具有创造力的群体，也是最具忧虑和生活压力的群体，关心、爱护好青年人才，就是在保护抢占未来科技高地的重要战略力量。

第四，加强创新型人才跨界交流和跨界培养机制，鼓励高校、科研机构以及企业共同参与创新型基础研究工作，参与到基础研究创新人才培养进程中，培养一批既具有扎实的理论功底，又能够面向社会经济发展需求，既能够解决基础学术研究课题，又能够面向企业的关键性制约性科学问题的复合型创新人才。这类复合型人才，不仅具有基础研究的知识背景，而且具有应用技术研究和企业产业转换的背景，同时，还具有较好的组织管理能力。他们将是未来实现基础研究创新突破，并完成基础研究到产业转化的中坚力量。他们既是科技工作者，又是优秀的管理者，培育好、并且爱护好这类高端人才，就是在为提升我国未来基础研究能力做贡献。

在迈向未来的产业创新能力和基础研究能力提升过程中，我们必须聚焦人才培养问题，做好各层次人才的教育和培养工作，特别是做好领军型人才的培养和爱护工作，促进人才的跨界交流和同行交流，充分发挥同行评议制度的作用，改变单一的评价机制，充分发挥战略科学家和创新团队在基础研究创新能力提升过程中的引领作用。

总之，基础研究作为科技体系的源头，基础研究创新必然成为应用技术创新和产业技术创新的源泉，因此，需要充分发挥基础研究在推动产业经济升级、社会经济发展中的关键作用。提升基础研究创新能力必须从强化基础研究做起。基于当前全球科技创新空前密集活跃的时代背景，以及我国基础研究领域所取得的成就、存在的问题，我们必须从多个层面进行协调，协调政策支持、管理服务，以及人才培养、团队建设等方面的问题，改革一切不利于释放科技工作者潜能的制度，充分发挥科技工作者的主观能动性，发挥他们的聪明才智和创造力。

提高原始创新能力，不仅要加大基础研究投入，还要建立相互配套的法律、政策体系，努力营造有利于基础研究的法治、政策和文化环境。要优化基础研究支出结构，完善选题机制，改进评价机制和科研成果管理体制，注意发挥企业作用，多措并举促进基础研究的转化应用。

第二章

加强科技创新平台建设

从技术供给侧来看，当下我国企业研发能力普遍较弱，高校科研院所在较多情况下需要构建或参与构建从基础研究、应用研究到技术研发乃至产品化的完整创新链。我国产业界若要掌握更多的核心技术，需要与学术界共建技术创新战略联盟、共建联合研发平台，才能提升创新能力，才有可能产生技术上的突破。

核心技术的瓶颈突破，需要政府的引导和支持。近年来，珠三角、长三角等地政府大力支持（应用）基础研究，各大城市争创自主创新示范区，争相建设综合性科学中心。北京怀柔、上海张江、合肥等3个综合性国家科学中心建设正在统筹推进，大型科研设施建设取得突破性进展。这些科技创新大平台凭借前瞻的科研战略布局、优良的科研基础设施和优越的创新环境，形成对全球人才的"虹吸效应"。①

产学研深度融合的进程中，高校需要有新理念、新组织模式，全面深化大学与地方的合作，促进校内科技创新资源的整合，为实现校内外

---

① 周国辉."人才大战"靠什么取胜［J］. 中国党政领导干部论坛，2018（6）.

多个单位之间的协同创新提供组织保障。十多年来，浙江省科技创新服务平台的建设有声有色，构建起相对完整的创新链，支撑和服务浙江省乃至长三角地区企业的产业技术创新，这章所剖析的一家科技创新服务平台的建设经验可以为高校、科研院所、企业共同组建的联合研发平台提供可资参考的蓝本。

"G60科创走廊"是横跨长三角四省市的创新大平台，对实现长三角更高质量的一体化有重大意义。"G60科创走廊"的科技创新创业活动缺乏一流大学和科研机构的有力支撑。在这章的最后，我们建议，长三角政产学研各方共同依托高校建设更多的大型研发平台。与传统院系相比，研发平台集聚大量的优秀人才并且拥有相对充足的科研经费，有更大的人事、财务和资源分配的自主权；把研究生培养、基础研究、应用研究和技术推广等多项功能有机地融合在一起，构建从基础研究到产业化的相对完整的创新链；达到集聚高层次人才、服务区域经济发展的目的，在区域创新体系中发挥核心作用。

第一节 政产学研协同创新，实现核心技术的突破

一、产学研合作需要转型

产学研合作是提升企业自主创新能力的重要途径，是完善区域创新体系的重要方式。产学合作的"组织形态"有多种：从即时的市场买卖（专利的一次性买断）、"一般经济合同"（项目合作）、长期合作（关系

合同）；到战略联盟、合作组织（共建研发平台）。以图2-1示意。

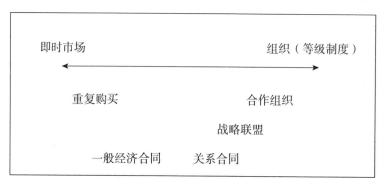

即时市场　　　　　　　　　　组织（等级制度）

重复购买　　　　　　　　合作组织

战略联盟

一般经济合同　　关系合同

图2-1　从即时交易的"市场关系"到"战略联盟""组织"

国内有关部门调研发现，我国科技成果转化率平均仅为20%，专利技术的交易率也只有10%，远远低于发达国家水平。[①] 对于这两个比例的统计口径，一些学者有不同的看法。[②] 但是，不管如何，科技成果转化确实存在不少困难。这些困难与学术机构的科技成果成熟度低有关，也与企业自身的研发能力较低有关，也与技术成果具有非对称性信息、市场交易成本高的因素有关。

我国产学研之间项目式合作相当活跃。以长三角为例，据科技部中国科技发展战略研究小组发布的《中国区域创新能力报告》的报告，多年来上海、江苏和浙江学术机构科研经费中来自企业的资金比例大都达到20%以上。[③] 这些数据都远高于美国高校科研总经费中来自企业的

① 证券时报快讯中心．我国科技成果转化率10%远低于发达国家．http://news.cnstock.com/news/sns_ gdbb/201312/2853563.htm
② 倪思洁．"科技成果转化率"咋衡量［J］．中国科学报，2014-01-09（第4版）.
③ 中国科技发展战略研究小组，中国区域创新能力报告2014［M］．北京：知识产权出版社，2015.

项目经费占7%左右的比例。产学研的项目合作取得了不少成果，但是来自企业的项目有一定的比例是"短平快"的科研任务，只是要解决生产过程中较为一般的问题。有些企业的合作目的是共享科研成果，共同申请专利，真正目的是通过高新技术企业认定、享受税收优惠政策，而专利能不能、有没有真正在生产过程中应用起来是另一回事。近些年，国内企业的专利申请非正常地猛增，可能与此有一定关联。不可否认，个别产学研合作的主要目的是获取政府的科研项目，而临时"集聚"起来。

那么，企业是否应该以内化的技术创新活动来替代合作的技术创新活动？2006年我国《国家中长期科技发展规划纲要（2006－2020）》实施以来，国家先后推出《高新技术企业认定管理办法》、企业国家重点实验室计划，积极支持企业的自主创新能力建设。总体上，我国企业的自主创新能力依然比较薄弱，大多数内资企业的创新能力进一步提升尚需较长的时间。例如，长三角中有不少内资企业具有相当强的研发能力，如振华重工、药明康德、海康威视等，但是缺少像华为一样拥有多项核心技术的高新企业。国内企业申请的专利真正属于核心技术的，乏善可陈。例如，中兴通讯的国内专利、PCT申请量、授权量都居国内企业前列，但是缺乏自己的核心技术。整体上，我国产业界缺乏创新能力是不争的事实，难以真正独立承担起技术创新主体的责任。

而同时，我国产业界迫切需要有突破性的、原始的技术创新，否则在产品研发过程中，经常会遇到国外企业设置的这样或那样的专利壁垒和技术标准壁垒。① 习近平总书记多次告诫，核心技术靠化缘是要不来的，也是花钱买不来的。"不能总是用别人的昨天来装扮自己的明天""只有把核心技术掌握在自己手中，才能真正掌握竞争和发展的主动权，才能从根本上保障国家经济安全、国防安全和其他安全。"但是，突破性的、原创性的技术创新是我国大部分企业很难独自承担的活动。在这个技术快速发展、技术发展高精尖化的时代，研发的内化成本相当高，甚至有可能远远高出合作所引起的交易费用。

　　基于以上考虑，我们认为，我国经济增长方式的转变迫切需要产学研合作的转型，要从成果交易式、"短平快"的项目式合作走向长期的合作（如战略联盟、共建联合研发平台），才能提升创新能力，才有可能产生技术上的突破。即，要以"组织"（研发平台）代替"市场"（成果转让、短期合作），请见图 2 - 2。

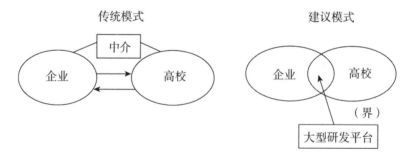

图 2 - 2　知识经济时代产学合作模式的变化

　　在长三角地区，多年前就已经出现了相当多成功的校企联合研发平

---

① 吴定玉. 主导设计. 市场进入壁垒理论新范式［J］. 华东经济管理, 2006, （4）: 10 - 12.

台。例如，浙江海正药业作为国家首批创新型企业，在 2001 年建立了国家级企业技术中心和博士后科研工作站，目前拥有专职研发人员 500 多名，技术中心设有 50 多个单元实验室，设有抗真菌药物省级重点实验室。同时，海正与国内 30 多家知名的科研院校保持着长期的密切协作关系，与多所大学共建实验室。华东理工大学生物工程学院与鲁南制药、东阿集团合作建立联合研究所，共同申请建设国家重点实验室；教授和研究生们与来自企业的研究人员共同开展研究，取得了较好的成果。

当下，要突破核心技术的瓶颈，迫切需要产学研各方共建大型研发平台，开展长期合作。这需要产学研各方的精诚合作，也需要政府的引导和大力支持。

二、政府引导和支持核心技术的突破

（一）以集成电路为例

2018 年的中兴事件，可谓刻骨铭心。"缺芯少魂"是我国建设创新型国家的"卡脖子"事项。集成电路产业是高门槛、高投入、高试错周期的高新技术产业，需要政府、高校科研院所、企业相互协作推进集成电路产业可持续发展。并且，需要积极融入国际化分工协作，积极开展新技术引进工作，并加强对新技术的消化吸收和本土化，积极探索自主研发和技术、产品引进相结合的发展模式。

2014 年《国家集成电路产业发展推进纲要》（以下简称《纲要》）颁布。《纲要》突出了"芯片设计—芯片制造—封装测试—装备与材料"全产业链布局，在此基础上协同发展，进而构建"芯片—软件—

整机—系统—信息服务"生态链。《纲要》最突出的一点是提出设立国家产业投资基金：以中央财政资金为引导，发挥财政资金杠杆作用，主要吸引大型企业、金融机构及社会资金。国家级的基金大约 1200 亿元，不直接补贴给企业，而是以投资入股的方式推动产业的长期建设和发展。国投基金起引导作用，以 1∶9 或更高的杠杆撬动社会资本投入集成电路产业。截至 2018 年 9 月，国家集成电路产业基金有效承诺额超过 1200 亿元，实际出资额达到 1000 亿元，投资进度与效果均好于预期。2019 年 10 月，国家集成电路产业投资基金二期股份有限公司（简称"国家大基金二期"）注册成立，注册资本为 2041.5 亿元。《纲要》也提出："鼓励企业成立集成电路技术研究机构，联合科研院所、高校开展竞争前共性关键技术研发。"

2018 年 5 月，上海市国家集成电路创新中心建设方案通过专家论证，中心由复旦大学牵头建造，这是我国第六个制造业创新中心，也是上海首次获批建设国家级制造业创新中心。国家集成电路创新中心由复旦大学牵头，联合中芯国际和华虹微电子两家国内知名集成电路制造企业，联手进行集成电路的共性技术研发。主要聚焦 5 纳米及以下集成电路，聚焦新器件研发、先进仿真和模拟技术、EUV 光刻工艺及 OPC 技术、先进集成工艺等四大共性技术。并且将高校和科研机构的自由探索与集成电路产业对核心技术的需求融合，为产业技术升级、未来大生产线建设提供人才、技术支撑和知识产权保护，支持国产高端芯片在国内制造企业实现生产。中心目前落户在复旦大学张江校区，未来将吸引国内集成电路的龙头企业，共同形成中国集成电路研发的合力。

国家制造业创新中心建设是国务院颁布的《中国制造 2025》提出

的五项重大工程之一，将通过政府引导、整合资源，实现长期制约制造业发展的关键共性技术突破，提升我国制造业的整体竞争力。按此规划，到 2025 年我国将建立 40 家左右的国家级制造业创新中心。

（二）中央与地方政府的合理分工、高效协同

2019 年 5 月，国务院办公厅向全国印发了《科技领域中央与地方财政事权和支出责任划分改革方案》（国办发〔2019〕26 号）。① 该改革方案划分了中央与地方权责，指出"在完善中央决策、地方执行的机制基础上，明确中央在财政事权确认和划分上的决定权。根据科技事项公共性层次、科技成果受益范围等属性，科学合理划分科技领域中央与地方财政事权和支出责任。中央财政侧重支持全局性、基础性、长远性工作，以及面向世界科技前沿、面向国家重大需求、面向国民经济主战场组织实施的重大科技任务。同时进一步发挥中央对地方转移支付的作用，充分调动地方的积极性和主动性。地方财政侧重支持技术开发和转化应用，构建各具特色的区域创新发展格局。"

该改革方案根据《国务院关于推进中央与地方财政事权和支出责任划分改革的指导意见》（国发〔2016〕49 号），按照深化科技体制改革的总体要求和科技工作的特点，将科技领域财政事权和支出责任划分为科技研发、科技创新基地建设发展、科技人才队伍建设、科技成果转移转化、区域创新体系建设、科学技术普及、科研机构改革和发展建设等方面。

---

① 国务院办公厅.《科技领域中央与地方财政事权和支出责任划分改革方案》（国办发〔2019〕26 号）http：//www.gov.cn/zhengce/content/2019 - 05/31/content_5396370.htm

例如，该改革方案提出，"（科技研发方面的）目标导向类基础研究要紧密结合经济社会发展需求，由中央财政和地方财政分别承担支出责任。其中：聚焦国家发展战略目标和整体自主创新能力提升的事项，由中央财政承担主要支出责任。地方结合本地区经济社会发展实际，根据相关规划等自主设立的科技计划（专项、基金等），由地方财政承担支出责任。"

（三）地方政府大力支持基础研究，以掌握核心技术

北京、广东等省市近年来加大了支持基础研究的力度。2018年北京建设了量子信息科学研究院、脑科学与类脑研究中心、智源人工智能研究院等一批高水平研发机构，搭建关键技术平台，组建顶尖人才领衔的团队，支持科学家勇闯科技前沿"无人区"。2018年8月29日，北京市科委、天津市科委及河北省科技厅在河北省石家庄市共同签订了"关于共同推进京津冀基础研究合作协议"（2018—2020年），深入推进京津冀基础研究合作专项，实现"五个统一"，即统一组织、统一申请、统一评审、统一立项、统一管理，推动京津冀三地科研团队形成实质性合作，搭建基础研究互联互通平台。

广东省2018年8月出台的《广东省人民政府关于加强基础与应用基础研究的若干意见》（粤府〔2018〕77号）提出，到2022年，广东省全社会基础研究经费投入占研发经费投入比重达到8.5%以上；前沿战略领域的关键核心技术源头供给能力大幅提升，突破一批产业关键核心技术、关键零部件和重大装备；启动建设省实验室10个左右，筹建国家实验室实现突破，新增建设大科学装置3个左右、国家级科技创新平台20个以上；全省基础研究人员达到6万人以上，占研发人员数的

比例达到 7.5% 以上，培养和引进院士若干名，聚集一大批高水平科学家。在该意见出台之前，广东省已经于 2017 年 11 月启动了省实验室建设，启动了（广州）再生医学与健康、（深圳）网络空间科学与技术、（佛山）先进制造科学与技术、（东莞松山湖）材料科学与技术等领域省实验室建设。省实验室聚焦国家战略和广东优势产业发展，对标国际最优最好最先进水平，打造国家实验室"预备队"。

长三角各省市也积极打造基础研究、应用基础研究的大型研发平台，如浙江杭州的之江实验室、南京的紫金山实验室，并在科研人员的双聘、科研经费的管理方面做了不少探索。

国内地方政府近年来积极支持基础研究的表现之一是争相建设综合性科学中心。下文介绍北京怀柔综合性国家科学中心、合肥综合性国家科学中心的规划建设情况及相应的体制机制变革。

第二节　北京怀柔综合性国家科学中心建设案例

一、怀柔综合性国家科学中心建设的背景、规划、目标

（一）中心建设的基本背景

北京科教资源丰富，如 211 高校、国家重点实验室的数量占全国的五分之一（以上）。与合肥集全市之力、全省之力建设综合性国家科学中心不同，北京怀柔综合性国家科学中心（怀柔科学城）是北京的三大科学城之一。

2016 年 9 月国务院发布的《北京加强全国科技创新中心建设总体方案》提出，北京应强化原始创新，打造世界知名科学中心。推进三大科技城建设，统筹规划建设中关村科学城、怀柔科学城和未来科技城，建立与国际接轨的管理运行新机制，推动央地科技资源融合创新发展。加强北京市与中央有关部门会商合作，优化中央科技资源在京布局，发挥高等学校、科研院所和大型骨干企业的研发优势，形成北京市与中央在京单位高效合作、协同创新的良好格局。中关村科学城主要依托中国科学院有关院所、高等学校和中央企业，聚集全球高端创新要素，实现基础前沿研究重大突破，形成一批具有世界影响力的原创成果。怀柔科学城重点建设高能同步辐射光源、极端条件实验装置、地球系统数值模拟装置等大科学装置群，创新运行机制，搭建大型科技服务平台。未来科技城着重集聚一批高水平企业研发中心，集成中央在京科技资源，引进国际创新创业人才，强化重点领域核心技术创新能力，打造大型企业集团技术创新集聚区。

2017 年 5 月，北京怀柔综合性国家科学中心建设方案获国家发改委、科技部联合批复。该中心是国家批复建设的第三个综合性国家科学中心。北京怀柔综合性国家科学中心将重点开展七方面的工作，即：①系统推进重点科学领域跨越发展；②推进国家重大科技基础设施集群发展；③科学布局前沿交叉研究平台；④集聚国内外一流科技创新人才及团队；⑤谋划推动实施重大科技计划；⑥积极推进全面创新改革先行先试；⑦统筹布局前瞻未来的国家实验室。计划到 2020 年，建设成效初步显现；到 2030 年，全面建成世界知名的综合性科学中心。

（二）城区规划

根据规划，怀柔科学城将按照"一核四区"进行空间功能布局，总规划面积约为41.2平方公里（可扩到100平方公里）。核心区位于怀柔科学城中部，规划面积2.6平方公里，主要建设大科技基础设施集群和跨学科交叉研究平台，建成综合性国家科学中心。核心区外，还有位于怀柔科学城北部、规划面积达到5.6平方公里的科学教育区。这里将主要依托中国科学院大学打造，目前已有8000多名师生入驻，另外101中学怀柔校区、北京实验二小怀柔分校已建成，国科大附中正在筹建中；科研转化区，则将主要依托雁栖经济开发区和中关村怀柔园来打造，目前入驻中科院12个研究所的22个项目，其中15个已投入运营，其中北京纳米科技产业园获批国家级纳米科技创新基地。综合服务配套区，位于怀柔科学城西部，将依托雁栖小镇等大型社区资源组团打造综合配套服务功能区；生态保障区，位于怀柔科学城东部，将依托"三河一湿地"，打造绿色景观及生态保障功能区。

（三）使命与目标

核心使命就是要建设一批国家重大科技基础设施，发展一批高端的研发平台，集聚一批顶尖人才，会聚一批世界级的科学研究机构，成为代表我国最高科技水平的科学研究和人才聚集高地。

根据规划，到2020年左右，北京怀柔综合性国家科学中心建设成效将初步显现。具体而言，则是建成一批国家重大科技基础设施和交叉研究平台；集聚一批国内外顶尖科学家及研究团队，创新型大学和研究机构创新能力不断增强，逐步产出一批前沿科学和先进技术研究成果，成为北京全国科技创新中心的新支撑。

到 2030 年，全面建成世界知名的综合性国家科学中心。具体要求为：建成世界一流的国家重大科技基础设施集群，在物质科学、空间科学、地球科学等领域集聚形成竞争优势，在相关前沿交叉领域取得重大原创突破，在区域协同创新、全面创新改革等方面形成示范，成为我国原始创新高地，为我国建设科技强国提供强有力的支撑。

二、怀柔综合性国家科学中心的基本任务

（一）研究领域：物质科学、空间科学、地球科学三大科学领域

在研究领域上，北京怀柔综合性国家科学中心将推进重点科学领域跨域发展，重点布局一批重大科学领域，实施原始创新、关键核心技术突破及变革性技术发展。

物质科学领域，到 2030 年，力争在新型高温超导体和金属氢的发展、非常规超导机理、量子计算物理机制、新型量子材料的复杂相变、物性的超快调控和晶格振动实时成像等重大科学问题上取得新的突破；在清洁能源、特种功能、高温合金和高强轻质复合材料等关键新材料技术上取得突破；在推动新能源汽车、智能电网、航空航天、先进制造等产业上取得突破。

空间科学领域，到 2030 年，有力支撑我国的载人航天、探月工程、北斗导航等太空计划，力争在宇宙起源演化与物质构成等前沿科学课题，以及天体表面生存和探索和方面取得重大科学发现，显著提升我国空间灾害应对能力，以及空间科学实验基础能力。

地球系科学领域，到 2030 年，构建地球巨系统从地核到地球空间

环境的不同尺度的物理、化学、生命过程及其相互作用的科学和技术研发体系，力争在深地资源探测、地球环境演变、气候变化与预估、生态系统变化、灾害预测与评估等领域取得重大突破，为国家资源可持续利用和生态文明建设提供科技支撑。

（二）建设世界级的重大科技基础设施集群

北京怀柔综合性国家科学中心将成为世界级的重大科技基础设施集群。国内外顶尖科学家、世界一流大学和科研机构也将聚集于此，形成原始创新的高地。

全球最大高能同步辐射光源将落户怀柔科学城。除了"光源"，怀柔科学城还已建成全球最大风洞实验室、世界上最大的高速列车模型试验平台等科技实验平台，并将聚集综合极端条件实验装置、地球系统数值模拟装置、多模态跨尺度生物医学成像设施、空间科学领域的子午工程二期等一大批科技基础设施，进一步夯实自主创新的物质技术基础，破解经济社会发展中的瓶颈性科学难题，使其在物质、空间、大气环境、地球、信息与智能、生命等科学领域，实现重大原创性突破。

（三）布局：前沿性的交叉研究平台

科学研究平台，主要基于共享、共用的目的，为完成某一领域的科学研究而形成的科技支撑系统，不仅包括科研设备等硬件因素，还包括协作共享、开放使用等科研机制方面的软件因素。建设的平台有：

先进光源技术研发与测试平台、材料基因组平台、清洁能源材料测试诊断与研发平台、空间科学卫星系列及有效载荷研制测试保障平台、先进载运和测量技术综合实验平台。

三、探索综合性国家科学中心（科技城）建设模式

（一）行动：依照"产城融合、职住均衡"原则开展建设

吸取国内一些高新区建设的经验教训，怀柔科学中心建设将贯彻"产城融合"的原则。北京怀柔综合性国家科学中心规划面积约 100 平方公里（规划的扩展面积），致力于打造我国最高科技水平的科学研究和人才聚集高地，按照"产城融合、职住均衡"的原则，怀柔科学城将强化配套服务，全面提升周边地区社会基本公共服务能力和水平，特别是将整合优质服务资源，在住房、子女就学、配偶就业、医疗服务等方面为高层次人才提供便利。

在核心区北部还将建设科学教育区，这里将主要依托中国科学院大学打造，目前已有 8000 多名师生入驻，另外 101 中学怀柔校区、北京实验二小怀柔分校已建成，国科大附中正在筹建中，将解决科研人员的后顾之忧。

科学城南部还有一片科研转化区，这里将主要依托雁栖经济开发区和中关村怀柔园来打造，目前入驻中科院 12 个研究所的 22 个项目，其中 15 个已投入运营。此外，北京纳米科技产业园也已获批国家级纳米科技创新基地。

为了实现职住平衡，怀柔科学城西部还规划了面积达到 10.2 平方公里的综合服务配套区，将依托雁栖小镇等大型社区资源组团打造综合配套服务功能区；而在怀柔科学城东部则是生态保障区，将依托雁栖河、牤牛河、大沙河和湿地，打造绿色景观及生态保障功能区。

（二）治理架构：理事会审议决策、"专家咨询委员会"决策咨询

作为北京怀柔综合性国家科学中心的最高决策机构，"综合性国家科学中心理事会"将负责审议和决策综合性国家科学中心发展战略、发展规划、科学计划、人才支撑重大事项等。

同时，中心将建立科学决策机制，设立北京怀柔综合性国家科学中心专家咨询委员会，在重大科学问题、科技发展战略和规划等方面发挥决策咨询作用。

在中心发展的资金筹集方面，将健全多方参与、市场导向的投入机制，确保中心的建设、运行及项目的经费，积极配套保障国家重大科技基础设施建设资金，吸引社会资本进入科技创新领域。

科学中心将完善成果转化及产业支撑体系，集聚发展科技咨询研发设计科技金融、知识产权、检验检测、技术交易等科技服务业态，培育发展新材料、生物医药、节能环保、航空航天、人工智能等战略性的新兴产业，打通科技成果发现、孵化、转化直至产业化的快速通道，促进科技与经济的结合。

第三节　合肥综合性国家科学中心建设案例

一、建设的背景、优势、目标

2016 年 7 月国务院印发的《"十三五"国家科技创新规划》提出，依托北京、上海、安徽等大科学装置集中的地区建设国家综合性科学中

心。国家发改委 2017 年 1 月公布的《国家重大科技基础设施建设"十三五"规划》提出，建设若干具有国际影响力的综合性国家科学中心；并认为北京、上海、合肥等地初步形成集群化态势、具有一定国际影响力的设施群。在北京、上海、合肥等设施相对集聚的区域，建设服务国家战略需求、设施水平先进、多学科交叉融合、高端人才和机构汇聚、科研环境自由开放、运行机制灵活有效的综合性国家科学中心。充分利用先进的信息技术，开展设施建设和运行机制的改革探索和先行先试，创新设施建设和运行模式，形成世界级重大科技基础设施集群，成为全球创新网络的重要节点、国家创新体系的基础平台以及带动国家和区域创新发展的辐射中心。协调综合性国家科学中心内的有关单位承担国家重大科技任务，发起大科学计划，推动实现重大原创突破，攻克关键核心技术，增强国际科技竞争话语权。

合肥拥有较高的科教水平和雄厚的研发实力，拥有 54 所高等院校，近 1000 个各类研发机构，建设并运行中科大先进技术研究院、中科院合肥技术创新工程院等 10 所新型研发和协同创新平台。在合肥，聚集了两院院士 82 人、院士工作站 25 家，各类人才总数 130 多万人，研发人员比例、每万人专业技术人员数位居全国前列。同时，合肥还拥有特色鲜明的高技术产业集群，拥有国家高新技术企业 1056 户，全市高新技术产业增加值占 GDP 的 22.2%，战略性新型产业产值占全市工业产值的 30%。在量子通信、量子计算、智能语音、磁约束核聚变、功能材料等领域，合肥都具有重要的国际影响力。合肥拥有全超导托卡马克、同步辐射、稳态强磁场三个大科学装置，形成了集群优势，是全国除北京之外大科学装置最密集的地区。这些大科学装置在国内乃至国际都具有重要影响力：同步辐射装置达到国际低能光源的最高水平；全超导托卡马克是国际首个、国内唯一的全超导托卡马克装置；稳态强磁场装置是国内唯一、指标参数达到国际先进水平的强磁场实验装置。正在建设中的量子保密通信"京沪干线"完成后，将连接中科院量子科学卫星，形成国际首个星地一体化广域量子通信网络，具有与未来互联网、量子通信网、天地一体化信息网络、空间探测网链接融合的技术和地域优势。整体上，合肥的创新发展环境优良，安徽省是首批国家创新试点省，是国家系统推进全面创新改革试验区，合肥是全国唯一的科技创新型试点城市，正在积极创建联合国全球可持续创新示范城市。

2014 年中科院启动"率先行动"计划，优先启动了中科院大科学中心的建设。其中，由中国科学院合肥物质科学研究院和中国科学技术大学联合申请获批的"中科院合肥大科学中心"，其主要目的就是要推动合肥综合性国家科学中心的建设。2016 年 3 月 18 日，合肥综合性国家科学中心建设方案论证会在合肥召开。合肥研究院院长匡光力从建设背景、基础和优势、总体思路、主要任务、保障举措五方面详细汇报了中心的建设方案。报告表示，合肥综合性国家科学中心将聚焦能源、信息、材料、生命、环境、先进制造六大领域，解决重大科学问题、提升原始创新能力、催生变革性技术。

2017 年 1 月 10 日，国家发展改革委和科技部联合批复了合肥综合性国家科学中心建设方案。根据建设方案，合肥综合性国家科学中心服务国家战略，依托合肥地区大科学装置集群，聚焦信息、能源、健康、环境等四大领域，吸引、集聚、整合全国相关资源和优势力量，推进以科技创新为核心的全面创新，强化科研院所和高等院校科技创新主体作用和基础作用，大力营造良好的人才集聚环境和自由开放的科研制度环境，开展多学科交叉研究，产生变革性技术，催生战略性新兴产业，成为国家创新体系的基础平台、科学研究的制高点、经济发展的厚动力、创新驱动发展先行区。根据建设方案，合肥综合性国家科学中心到2020年基本建成，大科学装置建设取得突破，原创性成果不断涌现，共性技术研发圈基本建成，创新创业人才高地基本建成，创新型现代产业体系基本形成，基本建成合肥综合性国家科学中心制度体系；到2030年，建成国际一流水平、面向国内外开放的综合性国家科学中心。

二、科学中心建设的基本任务

合肥综合性国家科学中心建设的主要任务，就是要加强核心层、中间层、外围层和联动层四个层级建设，统筹基础研究、前沿高新技术、战略性工程技术，形成一批支撑创新发展的技术产业成果。

（一）根据建设方案，合肥综合性国家科学中心将分四个层级建设

第一个层级是核心层。是建设科学中心的核心力量和基础支撑，主要是服务于国家重大战略需求，建设量子信息重大创新基地，新建一批大科学装置，提升现有大科学装置性能和开放度，开展多学科交叉前沿研究。

第二个层级是中间层。主要是充分发挥地方政府的积极性，依托中国科学技术大学、中科院合肥物质科学研究院，建设世界一流的创新型大学和研发机构，以及离子医学中心、联合微电子中心等一批产业创新中心。提升现有公共技术研发平台的创新能力，支持新建一批共性技术研发平台，开展多学科交叉前沿研究。

图2-3 合肥国家综合性科学中心四个层级

第三个层级是外围层。是科学中心建设的重要外延，主要是面向地方经济社会发展重大需求，围绕产业链部署创新链，依托中科大先进技术研究院、中科院合肥技术创新工程院等高端创新平台，突破一批具有全局性、前瞻性、带动性的关键共性技术，引领新兴产业高端发展，促进科学中心与"三重一创"（即：重大新兴产业基地、重大新兴产业工程、重大新兴产业专项，创新型产业体系）互为支撑，构建涵盖"源头创新—技术开发—成果转化—新兴产业"的全链条式产业创新体系，形成较强国际竞争力的产业集群。

第四个层级是联动层，即组织实施大型科技行动计划。以大科学装置为基础，汇聚国际一流科技人才，统筹基础研究、前沿高新技术、战略性工程技术，积极承担国家重大科技任务，将核心层、中间层、外围层紧密联系，并实现与全国大科学装置的协同、创新资源的协同、学科建设的协同、人才建设的协同，开展跨学科、大协作、高强度的科技创新活动。

在区域规划布局上，积极构建大科学装置集群核心区、"双一流"建设核心区、科技成果转化层核心区三大核心区。

（二）聚焦创新体系四大科研领域

合肥综合性国家科学中心将构建"源头创新—技术开发—成果转化—创新创业—新兴产业"全链条式产业创新体系，让科学中心成为搭建从科学到技术、从技术到产业的转化桥梁。该中心将依托合肥地区大科学装置集群，聚焦信息、能源、健康、环境等四大领域，开展多学科交叉和变革性技术研究。

在信息领域，主要聚焦量子信息、未来网络和天地一体化信息网络，依托中国科学院量子信息与量子科技创新研究院，谋划建设量子信息重大创新基地，构建完整的空地一体广域量子通信网络体系，实现超越经典计算能力的量子计算。在国际上率先建立下一代安全、高效的信息通信体系。

在能源领域，主要聚焦磁约束核聚变和智慧能源，提升全超导托卡马克装置性能，建设聚变堆主机关键系统综合研究设施，成为国际一流的综合性超导核聚变研究中心。面对智慧能源产业共性技术难题，建设分布式智慧能源创新平台，推进能源技术与信息技术深度融合，构建一体化、智能化能源技术体系，为提高我国能源的利用效率提供有效途径。

在健康领域，主要聚焦离子医学和基因科技，重点建设具有国际一流水平的离子医学中心与大基因中心，引领高端医疗器械、新型生物材料、生物制造、精准靶向药物创制，以临床精准用药技术，新型健康服务为特色的精准诊治的新型健康产业。

在环境领域，主要聚焦大气环境，开展大气环境立体探测实验装置的预研工作，建设国际一流的大气环境物理研究中心，大气环境探测技术研发、试验和验证基地，为国家大气污染防治、气候变化应对和光电工程发展提供战略科技支撑。

针对以上四个领域在科学研究和技术研发上的共性需求，开展合肥先进光源 HALS 预研，提升合肥同步辐射光源和稳态强磁场实验装置性能，为生物医药、材料等应用开发平台奠定基础，为解决相关领域国家重大科技问题提供有力保障。

（三）实施方案（2017—2020 年）明确未来四年的重点建设任务

2017 年 9 月，安徽省和中科院印发了《合肥综合性国家科学中心实施方案（2017—2020 年)》（以下简称《方案》）。《方案》明确了以国家实验室、重大科技基础设施集群、交叉前沿研究平台和产业创新转化平台、建设"双一流"大学和学科为四大方面的重点建设内容，这就是科学中心建设任务的框架体系，简称为"2+8+N+3"。"2"就是指争创量子信息科学国家实验室，积极争取新的国家实验室（新能源国家实验室）。"8"就是争取新建聚变堆主机关键系统综合研究设施、合肥先进光源（HALS）及先进光源集群规划建设等 5 个大科学装置，提升拓展现有的全超导托卡马克等 3 个大科学装置性能。"N"就是依托大科学装置集群，建设合肥微尺度物质科学国家科学中心、人工智能、离子医学中心等一批交叉前沿研究平台和产业创新转化平台，推动大科学装置集群和前沿研究的深度融合，提升我国在该细分领域的源头创新能力和科技综合实力。"3"是指建设中国科学技术大学、合肥工业大学、安徽大学3个"双一流"大学和学科。

三、探索机制创新，保障国家科学中心高效运行

安徽省、合肥市将按照国家批复要求和省委、省政府部署，全面启动合肥综合性国家科学中心建设，成立理事会，制定理事会章程，建立推进机制和管理制度；争取新建大科学装置开工建设，在科研管理、高端创新人才引进、科研人员激励等方面进行体制机制探索；力争科学中心早日建成生效，成为国家科技创新体系的有力支撑。

合肥综合性国家科学中心建设意义十分重大，影响极其深远。安徽省将聚焦改革攻坚，大力推进政府科技管理体制、高校院所管理体制、人才发展体制机制、企业创新管理体制等改革，着力打造创新驱动发展先行区。在体制机制方面，安徽省将统筹全国创新资源开展科技攻关的模式，建立决策、协调、执行三级管理体制，整合国家、省市资源，合力推进建设。创新中心管理方式，构建规范高效的运行机制。创新开放合作方式，支持高校院所和企业参与国际科技合作、大科学工程建设，建立与国际规则接轨的成果分享机制。探索实行首席科学家（PI）负责制、中心企业化运转、人员合同制管理、实行中长期目标考核、建立开放式研究网络等创新管理方式，给予科研人员更大创新自主权，用机制创新保障国家科学中心的平稳高效运行。

据悉，安徽省将紧紧依托合肥综合性国家科学中心建设，大力推进

系统性、整体性、协同性创新改革试验，聚力突破体制机制的瓶颈制约，形成一批可复制、可推广的成果经验，为推进创新发展提供有力支撑。

安徽省、合肥市相继出台了人才新政，助力综合性国家科学中心建设。2017 年 5 月安徽省委省政府印发《关于合肥综合性国家科学中心建设人才工作的意见（试行）》（简称为"科学中心人才 10 条"），着眼引进国际国内一流人才，本着特事特办、先行先试的原则，制定一系列创新政策举措，主要包括薪酬待遇、出入境便利、编制职称，以及住房、医疗、子女就学、配偶安置等生活配套服务等内容，努力实现高层次人才"来得了""待得住"和"用得好"。

2017 年 6 月合肥市制定《关于建设合肥综合性国家科学中心打造创新之都人才工作的意见》，补齐政策短板，激发人才活力，助力综合性国家科学中心建设。未来 5 年，将安排不少于 20 亿元人才发展专项经费，实施人才发展"6311"工程，通过体制机制创新，力争新引进培养国内外顶尖人才和国家级领军人才 600 人、省市级领军人才 3000 人、高级人才 10000 人，集聚科技创新创业人才不少于 10 万人，以人才优先发展打造新一轮创新优势、产业优势和发展优势。

第四节　产学深度融合过程中高校的组织策略

美国是当今世界上最具创新的国家，其原因在于联邦政府长期重视基础研究以及拥有一大批研究型大学。20 世纪 90 年代以来，美国多个州的政府也大力支持基础研究和高新技术研发。① 我们认为，国内外地方政府近年来积极支持基础研究、应用基础研究的情况可初步总结为以下几点经验。一是国家科技创新战略的最终落实需要地方政府的积极参与，只有地方政府积极和主动地参与，才有可能建立起完善的区域创新体系。二是重大的技术突破需要产学研多方的合作，这些无法由一家企业完成也无法由一个部门来实现。三是在国家（或区域）创新体系中，研究型大学处于核心地位并要发挥引领作用，而依托大学建设的大型科研机构则发挥着关键作用。高校应积极采取新的组织设计策略，以适应产学深度融合。

一、适应全面合作模式的组织变革

大学科技园应是产学之间的合作桥梁，但是多数高校的科技园多年来没有很好地发挥桥梁作用。不少大学成立新的组织，如产业技术研究院来发挥链接学术研究与产业研究的作用。②

近年来，更有一些大学成立"学校与地方合作办公室"或"合作发展处"（以下简称"合作办"）。大学与地方的合作模式开始从传统的"成果转化"转向"全面合作"，这种转向可归纳为以下三点。

第一，"自下而上"对应"自上而下"。教师（团队）自发地与企业合作的项目只有取得较大成功，才可能会上升为学校的工作重点。新

---

① 刘凡丰．董金华．知识经济时代的美国州级政府科技政策评述［J］．科学学与科学技术管理，2008（12）：33 – 37.
② 刘凡丰，董金华，李成明．高校产业技术研究院的网络交流机制［J］．清华大学教育研究，2012（4）：47 – 53.

成立的合作办事先规划校地合作，或者可较早地把教师的"自发式合作"上升到学校层面。合作办的重点在于搭建大平台，具体深入的产学研合作还是需要科研管理部门、院系和教师的积极工作。

第二，"单学科"对应"跨学科"。院系或教师与地方（企业）的自发式合作过程中只能完成单一学科的任务；学校科研管理部门也难以整合全校的资源。而地方的生产实践或社会实践的问题解决往往需要多学科的合作研究，合作办可代表学校出面组织相关院系、相关管理部门开展跨学科研究。

第三，"成果转化"对应"全面合作"。过去学校与地方的合作等同于"科技成果转化"；新的模式强调学校与地方之间的长期合作，鼓励参与各方在创新链的各个阶段开展合作，鼓励从科技创新到教育教学的多方面合作。

大学与地方的合作模式从传统的"成果转化"转向"全面合作"正是反映了科技创新模式的变革，即产学研的深度融合。传统的科技创新模式是单向的线性模式，即从基础研究到应用研究，再到开发、商业化。传统模式假设，基础研究是科技创新的源头，基础研究做好了，就会自然地向应用研究、开发研究溢出来。这种单向的、线性的模式也会有一个障碍，就是前期的研发工作是由大学、科学家来负责，后期的开发与产业化是由企业负责，科技成果从大学向企业转化时，两个部门之间会有利益上的纠葛问题。

近20年来，高新科技的发展模式并不是这种单向的线性模式，商业化、开发对应用研究的反向作用、应用研究对基础研究的反向作用相当积极、不可忽视。① 这就要求学术界的基础研究要与产业界的开发研究之间有有效的对接。产业技术研究院的作用把学术界、产业界的研发人员集中起来，促进双方人员沟通交流。合作办也是从学校层面上规划好政产学研各方的双向交流。

二、高校需要整合校内的研发资源

一方面，我国企业的研发能力相对薄弱，企业需求成熟度较高的科技成果，要求研发能力较强的学术机构能构建起一条相对完整的创新链（包含基础研究、应用研究乃至开发）。另一方面，长期以来我国各方的科技力量自成体系、分散重复，整体运行效率不高；科技宏观管理各自为政，各方对科技资源配置方式、评价制度等颇有怨言。各方都在努力促进以上情况改变，但冰冻三尺非一日之寒。

即使在同一个组织之内，如在一些高校或科研院所，研发资源也被分割，创新链也就断裂了。由于现代大学的任务多元性，既要面向社会实践或产业实践研究应用性问题，同时又承担基础研究的任务；还要履行教育功能，其组成人员也要相应地履行各种职能。因此，高校的科研管理及其科研组织形式，比起中国科学院系统、大型企业的研发部门具有更为复杂的形式。研发的人力资源和物质资源在高校也表现得更为支离破碎。

前些年我们在长三角调研时发现，某些专项经费（例如，"985 工

①　刘凡丰，董金华. 长三角战略性产业发展中高校研究院的角色初探 [J]. 中国高教研究，2011（3）：17－19.

程""211 工程"等经费）原本是用于建设一批科技创新平台，但是在一些高校，这些专项经费分散到了各个院系和课题组。而另一些大学则把各类专项经费集中投入到校内优势的研发平台。例如，南京大学明确国家重点实验室为学校的主力科研基地的基本方针，国家重点实验室在"211 工程""985 工程"建设过程中都得到政策上的重点倾斜，发展良好。例如该校的固体微结构物理国家重点实验室在国家重点实验室评估中连续 3 次获得优秀，联合该校的配位化学国家重点实验室组建为南京微结构国家实验室（筹）。

我们发现，一些高校内有多个重点实验室、工程研究中心从事同一个科研领域的科研工作，但是这些中心之间并没有多大的交流。原本可以串成一条完整的创新链被人为地割裂，不同的部门分别负责基础研究（重点实验室）、应用研究（工程技术研究中心）、产业化（工程研究中心）。同时，我们也发现，另一些高校、另一些科研领域虽然也有类似的组织架构，但是由一位学者担任所有这些学术部门的领导，创新链在这些地方显示出相对完整性，也能创造出更多的知识和更好的经济效益。几个部门的科技骨干力量能拧成一条绳（甚至有可能就是同一批人才），正是这支有着强凝聚力的跨学科研发团队把教育、基础研究、应用研究、产业化研究等职能整合为一体。例如，源自华东理工大学的上海倍谙基生物科技有限公司（科技成果产业化单位）依托该核的张江现代生物技术研究院（应用研究的部门）、生物反应器工程国家重点实验室和上海生物制造技术协同创新中心（基础研究、应用基生研究的部门），构成了产学研联合体。

我们建议，高校要确定重点投资的科研领域，制定创造研发尖塔的战略，把分散在各个院系、实验室（或各个校区）的相关研发力量集中到一个研究所、一幢大楼，提高科研力量的外部显示度。校级层面的科研经费也要相对集中地投到有关的研发平台。这样一些大型研发平台可以这样定位：组织学术团队，面向产业实践研究关键的共性技术，是开展跨学科研究、实现重大科技创新的重要基地；与传统院系相比，有较高的独立性，有了更大的人事、财务和资源分配的自主权；把研究生培养、基础研究、应用研究和技术推广等多项功能有机地融合在一起。浙江大学、上海交通大学等高校在国内率先成立校级层面的科学与技术研究院，集中各个领域的科研力量，同时建构相对完整的创新链。

高校研发平台为了开展跨学科研究、承担重大的研发任务，需要跨越院系的边界，还要跨越大学的组织边界，但是组织边界不易跨越。下文介绍的浙江某高校的一家大型联合研发平台长期面向产业需求开展研发工作，实现产学研的深度对接；校内各团队间有较好的长期合作关系；同时校内外各个协同单位处于创新链的不同阶段，避免了相互的利益冲突。

三、跨校的大型联合研发平台——新药创制科技服务平台的组织分析

（一）新药创制科技服务平台的发展历程

2004 年，浙江省提出建设重大科技创新服务平台，在全国率先打造"跨单位整合，产学研结合，市场化运作"的新型创新载体。针对全省科研物质基础条件较差，且科技资源比较分散、条块分割、各自所有、重复建设的问题，以整合相关领域的存量资源为基础，优化增量资源配置，建立共享机制，努力在科技基础条件、重点行业和区域建设一

批重大创新平台，有效地集聚一批优质创新资源，减少重复投资和建设，提高科技资源的利用效率，增强自主创新能力和服务能力。

2004 年下半年，按照"整合、共享、服务、创新、完善、提高"的平台建设基本思路，A 大学启动了新药创制科技服务平台的建设。该平台集药学、药效学、毒理学、天然药物研究和药品质量控制研究为一体，有效整合了该校的省部共建制药工程重点实验室、省医学科学院（新药安全评价国家重点实验室）、该省的中医药大学（实验动物中心）、省药品检验所以及该省的另一所大学药学院等 5 家承建单位的新药创制科技资源，通过建立资源共享机制，为企业提供新药筛选、工艺改进、质量控制、药效研究和安全评价等各类新药临床前研究服务活动，缩短新药研制周期，为提升该省制药企业自主创新能力、构建新药创制科技创新体系提供了有效的科技支撑。

新药创制科技服务平台的创建，解决了以往新药临床前研究的药学、药效学、毒理学、质量控制几大部分缺乏有效衔接的问题，确保新药研究的各个环节有机结合、有效衔接，不但保证了研究质量，而且通过相互合作提升了研究水平。通常至少需要一年时间才能完成的盐酸帕洛诺司琼、盐酸帕洛诺司琼注射液和注射用盐酸帕洛诺司琼的新药临床前研究，因为有了平台，在短短的半年时间内就全部完成，并申请了临床批件。在成立不到 5 年的时间内，平台承担完成了企业委托新药临床前研究项目 600 多项，获各类企业项目经费 5600 余万元，研发成功化学药品 3.1 类新药 3 个，取得原料药批文 1 个和临床批文 2 个。申请国家发明专利 140 项，已授权 80 项；制定国家标准 429 项，行业标准 29 项。平台已成为推动该省乃至全国医药产业转型升级的重要技术支撑力量。科技部、省政府领导多次前来视察，兄弟省市也来参观学习。

2012 年，A 大学以新药创制科技服务平台为基础，联合该校的药学、生物化工、环境科学与工程等重中之重学科，根据国家教育部"2011 计划"的精神和要求，遵循"继承优化、创新发展"的思路，整合国内外优势创新力量组建了"制药协同创新中心"。2012 年 9 月，该中心获该省首批协同创新中心认定。2013 年 5 月，中心被教育部、财政部认定为首批国家级"2011 协同创新中心"。

制药中心由 A 大学牵头，联合 B 大学、省医学科学院、省食品药品检验研究院等核心成员单位，并吸纳美国 IPS 公司、美国 UCI、俄罗斯科学院西伯利亚分院等国际创新力量以及华东医药、海正药业、华海药业等一批制药龙头企业共同组建而成。根据区域制药产业的重大需求，中心设绿色化学制药、生物技术制药、药物制剂等 3 个研究方向和药效学、药品质量控制、药物安全性评价、环境友好等 4 个支撑平台。中心现有成员 190 人，其中中国工程院院士 3 人，中央千人计划、长江学者、国家杰出青年基金获得者等高层次领军人才近 20 人，全职研究人员 126 人，兼职研究人员 38 人，管理人员 11 人。人员队伍的专业背景涵盖了制药工程、药效学、毒理学、药物分析、药剂学等多个学科；3 个创新团队入选省重点科技创新团队。

（二）制药平台成功的技术因素

一是制药平台的组建有现实的需求。该省制药企业众多，但存在着制药工艺水平相对落后、缺乏自主知识产权、单个制药企业进行技术创新活动条件有限、新药创制能力较弱和行业整体研发水平较低的现状。作为科技事业的组织创新，制药平台以致力于服务该省的制药企业为组织宗旨，也为组织找到生存和发展的空间。平台负责人告诉我们，平台有能力自行开发新药；但是目前平台定位于技术服务，平台只是承担委托项目，本身没有从事进行产业化的工作；如果平台要从事产业化的话，就违背了组建平台的初衷，企业也不会找上门来寻求服务。该省还有一些科技创新服务平台以企业为主组建的，平台就以企业性质建设，对于那些平台而言，企业化运作起来可能更加方便一些。

平台为广大制药企业提供技术支撑和技术服务，努力提高行业和企业创新活动的效率，降低创新成本，提升行业整体研发能力和技术水平至关重要。到2009年，平台在成立不到5年的时间内，在该省四个市县建立地方工作站4个；该省400多家有药品生产许可证的制药企业中，有360多家与平台建立了科技合作关系，成为平台的企业会员。到2013年12月，制药平台在该省建立了第八家工作站。设在市县的工作站有效地提升当地医药产业自主创新能力、构建新药创新体系、促进地方产业发展提供有力的科技支撑，对于探索有效对接区域及产业重大需求的机制体制具有推动作用。

二是平台拥有核心技术。平台科技人员针对当前医药企业面临的环保难题，与企业联合攻关，成功研发出用双（三氯甲基）碳酸酯替代光气、氯化亚砜等有毒有害物质生产氯甲酰胺等5个具有自主知识产权的系列产品的绿色化学合成技术。这一新技术不仅具有原料易得、成本低、产品质量好等优点，而且实现了原料、催化剂和反应过程等三方面的绿色化。该技术获得了2007年国家科技发明二等奖。平台积极地利用该新技术指导更多医药企业运用绿色化学合成技术对传统工艺进行改造。2007年，平台联合8家理事单位和会员单位及若干家国内知名科研院所成功申报国家"十一五"科技支撑计划项目《化学原料药生产中绿色化学关键共性技术研究及应用》，确立了平台在全国化学原料药生产中绿色化学关键共性技术研究及应用的领先地位。

三是平台重视建立完善的规章制度和组织架构。平台的最高决策机构——平台理事会于 2006 年正式成立，平台形成以理事会为核心的组织管理机制。理事会由创建单位和省内近 30 家知名制药企业组成，共同研究、讨论和决策新药创制科技服务平台的发展方向，对年度工作进行计划和总结，协调平台建设和管理中的重大事项等。此后，平台监督委员会、平台专家咨询委员会相继成立，分别监督、指导平台的发展。2008 年，平台管理办公室成立。这些组织设计为平台的顺畅运行提供了有力的组织保障。平台制定和完善了经费使用、仪器设备管理、平台会员管理、人员激励和考核等一系列具体的运作管理制度，共有229 份。

（三）良好的组际关系

（1）制药平台的各个子平台之间存在着互补关系

平台负责人告诉我们，平台成立之初，思考过可不可成立一个实体性质的科技服务公司，但是，最终并没有选择走那条路。目前，像这种半实半虚的联合体可能更适合于平台的组织功能。平台的承建单位是 3家高校、2 家科院所；参与平台建设的大都是做学问的人，不是搞企业的人。如果成立一个单独的公司，那么可能组织的性质就会发生变化，要以营利为目的。

平台负责人指出，由于各个子平台处于医药产业创新链上的不同点，通过大平台整合起来，又构成了一条相对完整的创新链。各个子平台之间几乎不存在着竞争，不必担心在合作过程中会相互泄露本子平台的科研机密（核心技术）。另据我们了解，在长三角其他一些科技创新服务平台中，由于成员单位之间的技术存在着竞争，各方合作过程中会产生一些不愉快。

5家创建单位各自承担药学、药效学、毒理学、天然药物、质量控制等5个子平台的建设和运行，通过大平台，新药安全性研究、有效性研究和工艺质量研究等科研活动有机地整合起来，为企业的新药创制提供了"一条龙"服务，起到了提前参与、缩短时间、减少投入、保证质量的作用。在平台的运行过程中，5个单位既保持经济上的独立核算，又能通过相互间的交流和合作，相互促进，推动自身单位研究能力和服务水平的提高。

该省科技厅的专家认为，新药创制科技服务平台的每家共建单位独立提供各自的相应技术服务，相对容易协调各共建单位之间的关系，半实半虚的组织模式比较合适这样的情形。5家创建单位各自都是新药创新服务链上的一个环节，以科研项目和科技服务为纽带形成产学研联盟，环环相扣，形成了信息高度畅通、既独立又联合的技术联盟关系，为制药企业提供相关服务。

新药创制科技服务平台不具有法人资格，也没有固定的组织层次和内部命令系统，而是一种开放的、动态的组织结构。各共建单位在按照契约联合的基础上，借鉴实体组织运行的基本特点和运行管理方式，建立起负责平台建设发展的决策机构，和负责日常运营的组织实施机构。该省科技厅的专家把这个平台的组织运行方式称为"虚拟联合，实体运行"。

我们认为，国内现有的大多数产学研联盟并没有产权合作，相互之间没有较强的约束和激励机制。这种联盟关系松散，随时会解散。而新药平台虽然不具有法人资格，也没有固定的组织层次和内部命令系统（等级制度），是一种开放的、动态的联合体；但是新药平台在浙江省科技厅的指导和经费支持下，形成了较为密切的跨组织合作关系。在保留各创建单位（子平台）的核心专长和相应功能的前提下，大平台以科研项目和科技服务为纽带，整合和共享各个子平台的资源，形成面向行业科技创新活动的产业技术联盟。这种紧密的"战略联盟"已经顺利地发展成为"合作组织"。

（2）校内团队间的长期合作关系

该平台的牵头单位是 A 大学，负责人为该大学药学院的一位教授（省和教育部制药工程重点实验室主任）。10 多年来，该负责人率领他的团队（化学制药方向）艰苦创业，取得了重大的技术突破，获得了国家科技发明二等奖。团队有 10 多位教师，年龄分布比较合理，每个人都负责相应的领域，保证团队成员有比较明确的分工。该团队的一位教授具体管理制药平台的日常工作，这位教授由于曾在多个学科和多个创建单位学习和工作过，能较好地理解各个子平台的话语，有利于各个子平台间的沟通。

该团队（化学制药方向）与校内另一个大团队（生物制药方向）关系较为协调，有着长期的合作关系。获批成为国家级协同创新中心之后，除了原有的两大团队外，校内其他学科院系的优秀团队也加入进来，例如，机械学院的制药装备团队、信息学院的制药装备与控制技术团队、计算机学院的制药过程自动化控制与数据处理团队。虽然该校的科研实力弱于国内多数985高校、211高校，但是由于其较早地探索政产学研合作的新模式，积极开展体制机制改革，较好地处理了校内各团队间或协同单位间的利益矛盾。其成功经验值得我们思考和借鉴。

（3）平台需要协调好与校内院系的关系

原本高校建立附属的科研机构是为了从传统学科院系的各个领地的缝隙中找到一小块土地用来培育新兴的研究领域，[①] 但是，随着科研平台在高校创新能力建设中的地位日益突出，开始有了"反客为主"的味道。在"985工程"二期建设时，有些985高校建立了若干个跨学科的科技创新平台，并给予平台过多的优惠政策，导致了校内相关院系的强烈反对。

现在协同创新中心也要特别注意与相关院系建立好协同关系。但是在一些协同创新中心的培育过程中，"不患寡而患不均，不患贫而患不安"（孔子语）在一定程度上可用来描述有关师生的内心困惑。例如，高校在筹建协同创新中心时，大都会专门投资建设中心的科研大楼，购置先进的仪器设备，创建中心的网站，提高了中心的外部显示度。相比较，院系获得的资源就较少，在科研空间和设施设备方面与中心的差距会加大；双聘教师个人在中心享受到额外的薪酬，结果不重视原先院系的教学任务；等等。某些高校的协同创新中心的筹建得到全校的倾力支持，相关院系的优秀教师都被抽调来支援该中心的建设。相关学院的教师担心优秀的教师资源"被掏空"，然后学院会被中心"吞并"。另一

---

① ROGER GEIGER. Organized Research Units in American Universities: Emergence, Evolution, Significance [J]. Journal of Higher Education, 1990, 61 (1): 1 – 19.

方面，研发平台（协同创新中心）的员工也会有困惑。高校通常会在2至3年的培育期内倾斜支持新设研发平台，培育期之后原有的政策一般不再延续。因此，学校应尽早明确若干年后研发平台（协同创新中心）的定位，以免引起了平台工作人员不必要的担忧和队伍的不稳定。平台也应较早地规划如何从培育扶持期过渡到常态化运行阶段，如何适应组织发展可能遇到的发展平台期。

通过A大学的制药平台这一案例的分析，我们发现，大型研究中心（研发平台）的组建与发展离不开良好的外部环境支持、有领导力的带头人、团结的学术队伍，以及通过多年合作研发形成的核心技术。平台的搭建要注重各个子平台（科研团队）之间具有互补效应，采取半实半虚的组织运行机制。在保留各协同单位（子平台）的核心专长和相应功能的前提下，研发平台以科研项目和科技服务为纽带，整合和共享各个子平台的资源，形成面向行业科技创新活动的动态联盟网络。

该平台围绕一个共同的目标，最大限度地将相关优秀创新团队和人才、科研设施条件及先进知识、成果、信息等集聚在一起，以新的体制和机制，形成研究、开发、转化与产业化的创新系统，齐心协力开展研发攻关和创新服务。该平台不同于科技中介机构、重点实验室、中试基地和孵化器，是集服务、研发、转化和产业化四大基本功能于一体的创新载体。我们认为，该平台的建设经验可以为高校、科研院所、企业共同组建的合作研发平台提供可资参考的蓝本。

第五节 关于长三角政产学研共建研发平台的建议

一、长三角需要更多的大型研发平台

产学合作是完善国家（和区域）创新体系、提升自主创新能力的主要途径，国内外许多学者认为，研究型大学在区域创新体系中的作用越来越重要，处于核心地位。我们认为，产学合作真正发生于高校的（大型）研发平台，那么，显然这些大型研发平台是真正意义上的创新主体。上文第四节，我们先从高校内部的视角查看这一"接口"，然后再以案例研究的方式，从组织间关系的视角分析这类"接口"。社会各界可能尚未充分认识到这一"接口"的重要意义，学术界也缺少对这一"接口"本身的深入研究。

作为我国经济最为发达的区域之一，长三角的科技资源相对薄弱。除了企业技术中心外，长三角地区的国家级研发机构（国家重点实验室、国家工程技术研究中心）的数量只有京津地区的三分之二（根据科技部公布的《2016 国家重点实验室年度报告》等统计）。为了加快提升长三角技术创新能力，各省市一方面积极吸引海内外知名研发机构创建地方研究院，另一方面整合科技资源，创建科技创新服务平台。

近年来，浙江、江苏两省政府积极引进大院名校创建地方研究院，集聚国内外优质创新资源。2003 年，浙江省政府做出了引进大院名校共建创新载体的战略部署，打破"浙江科研经费浙江用"的狭隘观念，

真正实现"浙江的科技经费全国用，全国的科技资源浙江用"，以此为基础建立起开放的区域科技创新体系。各级政府和企业积极响应，舍得投入，多方努力，引进共建工作取得突破性的进展。浙江省已累计引进清华大学、中科院等国内外大院名校、大企业共建各类创新载体近1000家。其中，浙江清华长三角研究院、中科院宁波材料研究所是典型。江苏省2003年启动建设苏州独墅湖高教区，这是长三角地区吸引海内外知名大学的集中地，现有南京大学、中国科技大学、西安交通大学、东南大学等10多所大学在该高教区设置了苏州研究院。2006年，中国科学院、江苏省、苏州三方在独墅湖合作共建苏州纳米技术与纳米仿生研究所。

江浙两省的这些大学地方研究院大都建立了涉及多个学科领域的若干个研究所或实验室，并且这些研究所与母校的相关院系保持紧密的关系。也正是通过这种紧密联系，母校相关院系的成果通过地方研究院得以转化。我们认为，地方研究院也要注重塑造自身的研发能力，研发工作需要适当地聚焦到若干个领域，构建地方研究院自身的研发团队，否则就会变成母校科技成果转化地方办事处或有关院系的派出机构。

长三角各省市还积极推进科技创新（服务）平台的建设，通过构建相对完整的创新链，以更为有效地服务企业，推进长三角的科技创新。针对科技资源比较分散、条块分割、各自所有、重复建设的问题，长三角各省市政府以整合相关领域的存量资源为基础，优化增量资源配置，建立共享机制，努力在科技基础条件、重点行业和区域建设一批重大创新平台，有效地集聚一批优质创新资源，减少重复投资和建设，提高科技资源的利用效率，增强自主创新能力和服务能力。

　　浙江省在建设重大科技创新服务平台方面力度较大，投入较大。2004 年浙江省在全国率先提出要打造"跨单位整合，产学研结合，市场化运作"的新型创新载体。浙江省的科技创新服务平台通过围绕一个共同的目标（服务企业的技术创新），最大限度地将相关优秀创新团队和人才、科研设施条件及先进知识、成果、信息等集聚在一起，以新的体制和机制，形成研究、开发、转化与产业化的创新系统，齐心协力开展研发攻关和创新服务。科技创新服务平台不同于科技中介机构、重点实验室、中试基地和孵化器，是集服务、研发、转化和产业化四大基本功能于一体的创新载体。

　　国家科技部对浙江省的经验非常重视，多次前往浙江调研和指导。上海、江苏等省市也前往浙江调研，借鉴其经验和做法。这些平台的组织与管理形式较为多样。例如，现代纺织技术及装备创新服务平台以绍兴轻纺科技中心为牵头单位，浙江理工大学、浙江大学共同参与，成立了浙江省现代纺织工业研究院，各占一定比例的股份，以实体组织运作。更多的平台采取"虚拟联合，实体运行"的组织形式。例如，上文第四节详细介绍的新药创制科技服务平台。

　　长三角作为我国经济发展的龙头，科技创新资源却相对薄弱。我们于 2018 年 6 - 7 月对沪嘉杭 G60 科创走廊的实地调研，更加深了我们对此的认识。"G60 科创走廊"最初于 2016 年由上海松江与浙江嘉兴共同提出，以美国硅谷、波士顿 128 公路、日本东京 - 筑波创新带、北京中关村等国内外一流的科创走廊或集聚区为标杆。G60 科创走廊概念已经成为长三角合作的一个重要抓手，对实现长三角更高质量的一体化有重大意义。近几年来，G60 走廊的松江区、嘉兴市吸引了不少高新产业的大项目或高精尖项目；但是，到松江区或嘉兴市创业的高层次人才明显体验到创新创业活动缺乏优秀青年人才的支撑，这与两地缺乏一流大学、一流科研机构有着因果关系。

我们建议，长三角各省市要加强（科技部）部省市的会商，获得国家的更多支持，在长三角建立更多的国家级研发平台（国家实验室、国家重点实验室、工程技术研发平台）。同时，各省市地方政府需要积极主动地支持大学与企业共建大型研发平台，以提升长三角创新能力。长三角各省市需要把共同创建和发展高水平的研发平台的工作提到重要的议事日程，以实现长三角高质量的一体化发展。

二、支持大学创建大型研发平台的意义

经过多年改革发展，我国高等教育系统已到了需要全面提升内涵的时候。依托大学创建更多大型的研发平台，将有助于大学的内涵建设。具体有以下几点意义。

一是大学在国家（区域）创新体系中的重要作用是通过依托于大学建设的研发平台得以发挥出来。研发平台的建设与发展将提升大学服务区域经济社会发展的能力。二是有利于教师个人和教师团队提高学术水平，这一方面可以释放和提升大学的科技创新能力，另一方面也将有利于教育质量的全面提高。三是有利于大学生的培养，特别是研究生培养。培养具备创新创业能力的人才，需要有一种科研文化和创业文化的氛围，需要有跨学科、跨越大学围墙的培养方式。四是有利于提高大学的知名度，促进国际交流。如果把大型研发平台设置在大学，可以快速地提高相关学科的实力和知名度，也会吸引国际学者和国际学生，促进

留学生教育的多元化。五是在政府的大力支持下，如"211 工程""985工程"的支持，大学的科研条件已得到较大的改善。但是相比较发达国家的高水平大学来说，我国大学的科研条件和科技人才培养环境还是薄弱，需要进一步的投入。各级政府如果把大型的研发平台设置在大学，就可以利用现有的一些基础设施和研究设备，而不必从零开始。六是虽然教师个人的科研工作和教学工作在时间安排上会有些冲突，但是，如果大型研发平台的研究方向变更或者重组，或者研究人员个人的研究兴趣变化，依托于大学建设的研发平台的人员流动相对会灵活一些，如到院系会承担相对更多的教学任务。

总之，我们认为，大型的、高水平的研发平台应建立在大学，由政府、大学、企业多方参与共同建设，这样会把研发平台建设、科学研究、产学合作和人才培养等各项工作充分地结合起来，发挥每一份资源的最大效率。

三、产学研各方共建研发平台的行动策略

进入知识经济时代，世界各国都将大学作为科技创新的重要基地。而大学的科技创新能力主要依赖于各种类型的研发平台，正是这些研发平台为大学的科技创新和产学合作提供物质条件和组织保证。在上文，我们已经对研发平台的创建与发展提出了一些政策建议。在下文，我们结合长三角区域创新体系的建设与完善，提出具体的行动策略。

（一）集中资源，重点建设若干个大型研发平台

由长三角各省市教育和科技行政部门组织协调，全面调研和评估本地各类科研基地和各类科研项目的基本情况。根据科技发展和长三角区

域经济发展的需要，尽可能集中现有科技资源和研发经费，加大对现有运行良好的大学研发平台的投入（有相对充足的人员经费、科研经费等）。可根据具体情况，联合或重建现有的研发平台，或者新建研发平台。

大学要确定重点投资的科研领域，整合校内的科研组织。把分散在各个院系、实验室（或各个校区）的相关研发力量集中起来，校级层面的科研经费也要相对集中地投到有关的研发平台，提高科研力量的外部显示度。在国内企业的研发能力相对薄弱的情况下，大学研发平台要建立起一条相对完整的创新链（包含基础研究、应用研究乃至开发）。

鼓励长三角各省市政府各部门下属的研究院所与大学进行"联姻"，成为大学名下具有相对独立性的科研机构。近年来美国州级政府大力支持公立大学与产业界一道创建巨型的研发平台，如纽约州立大学奥尔巴尼分校的纳米科技与工程学院（CNSE）得到了州政府、产业界的巨额支持，各类投资的总额达到50多亿美元。CNSE虽然附属于奥尔巴尼分校，但是有相当高的独立性。可以说，实施了"一校两制"的政策。

（二）激励企业参与共建大型研发平台

应该说，长三角各省市的产学研合作相当活跃。但是，产学研合作的效果总是不明显，部分原因在于产学合作的项目大多是一些"短平快"的科研项目，只是要解决企业产品生产过程中的一般性问题。长三角各地要发展战略性新兴产业，迫切需要解决关键的共性技术问题。这需要相对长期的研究，需要有固定的研发平台和相对稳定的研究队伍。

各省市政府要围绕本区域产业发展所需的关键共性技术或前沿技术，通过税收优惠政策和提供配套经费等方式鼓励企业与大学共建相应研发领域的研发平台，这将非常有利于长三角地区的技术创新。而且，根据国内外经验，只有在政府指导和支持下、大学参与下，竞争性企业能走到一起开展合作。

同时，鼓励企业为各种类型的产学合作研发项目提供更多的资助。建议由企业提出所需要解决的技术问题（由企业命题），并且要承担较高比例的研发经费（真正需要解决某些关键技术问题的企业才会参与），政府组织有关专家评审（政府审题），判定其问题是否属于关键的共性技术问题，再予以立项并提供相应的配套研究资金。由企业邀请专家商议，确定该项科研任务由哪个大型研发平台来承担（由企业确定谁来答题），并由企业组织考核该科研任务的完成情况。

（三）促进长三角高层次人才开发的一体化

人才是第一资源。研发平台的建设与发展要依赖领军人才。不少研发平台的领导人既是创办人，又是学科专家，很多决策依靠他们做出。领导人具有的素质（组织能力、科研发展方向的敏感、社会交往能力以及对组织的承诺）是研发平台顺畅运行和健康发展的重要保证。从宏观层面上看，人才竞争已成为全球各城市间竞合的主题，特别是高层次才的竞争已趋于白热化。

在经济待遇、社会地位相近的情况下，高层次人才总会向最有创新的场所汇聚，特别是由于科技发展日新月异，高层次人才更担心自己落后。长三角人才政策要从"重引进"转向"重培育"，加大力度建设有利于人才发展和创新能力释放的环境，如抓紧建设高水平的大型研发平台。

长三角各省市需要采取措施，促进高层次人才开发的一体化。长三角各省市应协调各地的产业政策，避免产业的过度同构。产业竞争与人才竞争是互为因果的关系，长三角各城市间有着产业过度同构的趋势，产业同构导致人才需求的同构，可能导致长三角内部人才竞争的激化。四省市人事组织部门应协商人才引进政策，协商规定吸引人才的各种优惠政策的最高标准，引导人才资源的合理有序流动。

总之，长三角各省市一方面要加强（科技部）部省市的会商，在长三角建立更多的国家级研发平台（国家重点实验室、工程技术研发平台等）。另一方面，长三角各省市需要积极支持大学与企业共建研发平台，提升本区域的自主创新能力。

第三章

加快科技成果转化

习近平总书记 2014 年 6 月 9 日在中国科学院第十七次院士大会、中国工程院第十二次院士大会上的讲话有个形象的比喻,"实施创新驱动发展战略是一个系统工程。科技成果只有同国家需要、人民要求、市场需求相结合,完成从科学研究、实验开发、推广应用的三级跳,才能真正实现创新价值、实现创新驱动发展。""三级跳"这个比喻形象地表明科技成果转化工作的重要性。

经过两年多全国性大讨论,新修订的《中华人民共和国促进科技成果转化法》(以下简称《促进科技成果转化法》)于 2015 年 8 月在人大得以通过,10 月 1 日起施行。国务院于 2016 年 2 月印发了《实施〈中华人民共和国促进科技成果转化法〉若干规定》(国发〔2016〕16号,以下简称《实施规定》),国务院办公厅于 2016 年 4 月印发了《促进科技成果转移转化行动方案》(国办发〔2016〕28 号),这三份法律法规、政策文件被称为科技成果转化三部曲。

中共中央办公厅、国务院办公厅的《关于实行以增加知识价值为导向分配政策的若干意见》、人力资源社会保障部《关于支持和鼓励事业单位专业技术人员创新创业的指导意见》等文件都是与科技成果转化密切相关的配套政策。国家相关主管部门为贯彻"三部曲"、加强所管辖领域的科技成果转化，颁布若干指导性意见，例如《教育部科技部关于加强高等学校科技成果转移转化工作的若干意见》（教技〔2016〕3号）、《教育部办公厅关于进一步推动高校落实科技成果转化政策相关事项的通知》（教技厅函〔2017〕139号）等文件。

科技成果转化是一项实务性较强的工作。下文我们根据近几年的法律法规、政策文件，结合我们调研访谈，分析解读科技成果转化过程中单位、科研人员的权益与责任。

第一节　科技成果转化的若干概念阐释

一、基本概念

（1）"科技成果"，是指通过科学研究与技术开发所产生的具有实用价值的成果。"职务科技成果"，是指执行研究开发机构、高等院校和企业等单位的工作任务，或者主要是利用上述单位的物质技术条件所完成的科技成果。（《促进科技成果转化法》第二条）

（2）"科技成果转化"，是指为提高生产力水平而对科技成果所进行的后续试验、开发、应用、推广直至形成新技术、新工艺、新材料、新产品，发展新产业等活动。（《促进科技成果转化法》第二条）

二、科技成果的转化方式

《促进科技成果转化法》第十六条规定："科技成果持有者可以采用下列方式进行科技成果转化：（一）自行投资实施转化；（二）向他人转让该科技成果；（三）许可他人使用该科技成果；（四）以该科技成果作为合作条件，与他人共同实施转化；（五）以该科技成果作价投资，折算股份或者出资比例；（六）其他协商确定的方式。"

通常科技成果的转化方式指三种方式："转让""许可"或者"作价投资"；也就是《促进科技成果转化法》第十七条提到的"国家鼓励研究开发机构、高等院校采取转让、许可或者作价投资等方式，向企业或者其他组织转移科技成果。"

根据《教育部科技部关于加强高等学校科技成果转移转化工作的若干意见》（教技〔2016〕3号），"四技服务"（技术开发、技术咨询、技术服务、技术培训等）也属于科技成果转化。《意见》指出，"高校科技人员面向企业开展技术开发、技术咨询、技术服务、技术培训等横向合作活动，是高校科技成果转化的重要形式，其管理应依据合同法和科技成果转化法"；并且明确指出，"科技成果转移转化的奖励和报酬的支出，计入单位当年工资总额，不受单位当年工资总额限制，不纳入单位工资总额基数。"

对于以上的这一认识和规定，各方尚未达成一致意见。根据《促进科技成果转化法》关于科技成果、科技成果转化的定义，科技成果转化是针对"现有成果、已有的成果"；那么，"技术开发、技术咨询、技术服务、技术培训等横向合作活动"在大多数情况下不应属于科技成果转化，因为这些大都是应企业要求而开展的研发活动，要求在先，研发活动在后，再然后可能有科技成果。[①] 如果"技术开发、技术咨询、技术服务、技术培训等"是为（已有）科技成果转化而进行的，就是（已有）科技成果"后续试验、开发、应用、推广"等活动，那就可以属于科技成果转化活动。《实施〈中华人民共和国促进科技成果转化法〉若干规定》第（六）条第 4 项规定："对科技人员在科技成果转化工作中开展技术开发、技术咨询、技术服务等活动给予的奖励，可按照促进科技成果转化法和本规定执行。"

三、关于科技成果转化率

对于产学研合作，公众的印象是我国产学研合作低效，特别是科研成果转化率低："我国的科技成果转化率仅为 10% 左右，远低于发达国家 40% 的水平"[②]。那么，原因何在？

（一）国际上没有关于"科技成果转化率"统一的衡量标准

多数学者认为，"科技成果转化率"没有统一的衡量标准。[③] 上文中关于"科技成果的转化方式"，各方还没有达成共识。如果"四技服务"也算是科技成果转化，那么，我国高校科研院所的"科技成果转化率"是比较高的（请见下段文字中关于高校来自企业的横向科研经费比例）。

（二）产学间的信息沟通较为通畅

一个直接的原因可能是高校科研院所的科技成果信息未向企业沟

---

① 吴寿仁. 科技成果转化若干热点问题解析［J］. 科技中国，2017（5）：64 – 71.

② http://news. cnstock. com/news/sns_ gdbb/201312/2853563. htm

③ http://news. sciencenet. cn/htmlnews/2014/1/287312. shtm

通。但是，上海、江苏和浙江学术机构科研经费中来自企业的资金比例分别是20%以上[①]，在江苏高校这一比例达40%；这些比例都远高于美国高校科研总经费中来自企业的项目经费占7%左右的比例。这反映了我国产学研合作相当活跃。如果把国内外高校的企业合作项目经费比例数据与前面的转化率一组数据进行比较，反映出我国产学研的一般性信息资料沟通通畅。通信技术越来越先进，成本越来越低，有必要进一步完善高校科研院所科技成果发布的数据平台，但这并不是解决产学研合作低效问题（如科技成果交易率低）的关键所在。

近年来，各地各部门制定并深入实施《科技成果登记办法》；以及国家科技成果网等网站及服务平台的创办等促进了科技成果信息的交流。新修订的《科技成果转化法》也明确规定国家建立、完善科技报告制度和科技成果信息系统，向社会公布科技项目实施情况以及科技成果和相关知识产权信息，提供科技成果信息查询、筛选等公益服务。

第二节　高校科研院所科技成果转化的权益与责任

一、"三权"下放，释放活力

新《促进科技成果转化法》的一大亮点就是打破科研事业单位科

---

① 中国科技发展战略研究小组. 中国区域创新能力报告（2013）［M］. 北京：科学出版社，2013.

技成果转化和知识产权运用的主要体制障碍。该法第十八条规定："国家设立的研究开发机构、高等院校对其持有的科技成果，可以自主决定转让、许可或者作价投资，但应当通过协议定价、在技术交易市场挂牌交易、拍卖等方式确定价格。通过协议定价的，应当在本单位公示科技成果名称和拟交易价格。"第四十三条规定："国家设立的研究开发机构、高等院校转化科技成果所获得的收入全部留归本单位，在对完成、转化职务科技成果做出重要贡献的人员给予奖励和报酬后，主要用于科学技术研究开发与成果转化等相关工作。"上述两条规定放权于科研机构和高校，确保了其真正拥有科技成果的使用权、处置权和收益权，是本次修法最有"含金量"的条文。

这两条有"含金量"的条文解决了高校科研院所转化科技成果和运用知识产权过程中的国有资产管理问题。国有企业的科技成果及其知识产权权属、运营等管理问题，可以通过《企业国有资产法》解决。在《促进科技成果转化法》修改之前，有关国有资产的管理办法未将有形财产和科技成果及其知识产权进行区别对待，这严重阻滞了国有科研单位和高校科技成果转化工作。其具体表现就是科研机构或高等院校使用、处置科技成果需要层层烦琐的审批，容易丧失科技成果处置的有利时机；科研机构或高校的科技成果处置收益需要全部上缴国库，导致科研机构和大学丧失转化科技成果的积极性。

二、关于成果的定价

新《促进科技成果转化法》第十八条明确："国家设立的研究开发机构、高等院校对其持有的科技成果，可以自主决定转让、许可或者作价投资，但应当通过协议定价、在技术交易市场挂牌交易、拍卖等方式确定价格。通过协议定价的，应当在本单位公示科技成果名称和拟交易价格。"

多数情况下，科技成果的交易价格事实上是通过协议定价的方式确定的。科技成果的拍卖会能部分解决成果交易时的出价差异。如果技术成果可以马上产业化（"交钥匙工程"），那么这些成熟度高的技术成果也许可如一般货物（如蔬菜）一样进行市场交易。平时，产学之间的技术成果交易可能是以一对一或一对二的方式进行交易（协议定价），是小数事件。那么，现在全国多个省市（如浙江科技大市场）开展的网上或线下的"科技成果拍卖"，就把这些小数事件变为大数事件（市场交易）。这些科技成果交易市场的拍卖会较好地解决了产学双方出价的差异问题，正如蔬菜交易市场的功用。但是，市场交易的必要前提是技术成果的成熟度相对较高。

关于成果定价要不要第三方评估？《教育部办公厅关于进一步推动高校落实科技成果转化政策相关事项的通知》（教技厅函〔2017〕139号）第4条"确定成果交易价格"指出，"高校依法以协议定价、在技术交易市场挂牌交易、拍卖等方式确定科技成果交易价格。高校依据教技〔2016〕3号文精神，要积极推动建立科技成果专业化、市场化定价机制，可以由学校技术转移部门开展尽职调查进行价值判断，也可委托专家委员会或具有相应资质的第三方机构对科技成果进行价值评估，作为市场化交易定价的参考依据。"

再结合考虑财政部关于国有资产管理的原规定，2015年成果转化法实施之后，多数高校请第三方机构对科技成果进行价值评估。但是，事实上评估流于形式，造成不必要的浪费。许多学者建议有关部门对"成果定价要不要第三方的评估"做出进一步解释，另外，政府部门的文件有必要更详细些，更有操作性。

2019 年 3 月，财政部终于公布《财政部关于修改〈事业单位国有资产管理暂行办法〉的决定》（财政部令第 100 号）。《事业单位国有资产管理暂行办法》修改增加的内容与科技成果转化有关的如下：

（作为第四十条：）"国家设立的研究开发机构、高等院校将其持有的科技成果转让、许可或者作价投资给非国有全资企业的，由单位自主决定是否进行资产评估。"

（作为第五十条：）"国家设立的研究开发机构、高等院校对其持有的科技成果，可以自主决定转让、许可或者作价投资，不需报主管部门、财政部门审批或者备案，并通过协议定价、在技术交易市场挂牌交易、拍卖等方式确定价格。通过协议定价的，应当在本单位公示科技成果名称和拟交易价格。国家设立的研究开发机构、高等院校转化科技成果所获得的收入全部留归本单位。"

三、高校有必要建设技术转移队伍

民办公助或者公立民营的中介机构如雨后春笋般地出现、壮大，有效促进产学合作。但是，不管校外的各类技术交易中介机构如何发展，高校内部需要一支技术转移队伍（或者邀请校外中介机构的参与），以相对深入了解科研团队的研究方向及未来市场前景，都有利于提高科技成果的成熟度、后期交易。目前，针对校内事业编制的技术转移人员，很难有市场化的激励制度。

我们建议，学校的教育基金会或校友基金会成立学校知识产权公司（同时成立创业投资基金）。公司的创建可为技术转移人员建立市场化激励制度，同时也可为技术成果的孵化、初创等提供风险投资。学校将现有的专利整体打包给该公司，由该公司代表学校采取处置的方式（转让或进一步孵化）。北京理工大学、上海交通大学、上海海事大学等校已经建立了类似的机构，有效促进了科技成果转化。

四、勤勉尽责者免责

事业单位在开展科技成果转化时，参与人员和决策人员都有担心和顾虑，例如是否要承担国有资产流失的责任。我们认为，对于科技成果这一无形资产，不转化就是最大的流失。国家已经将收益权下放给科技成果完成单位，由单位自行处置，国家不从科技成果转化收益中获取收益；单位又将转化收益中的 50% 以上奖励给成果完成人、转化成果做出贡献的人员。

国务院颁布的《实施〈中华人民共和国促进科技成果转化法〉若干规定》的第（十）条明确了勤勉尽责者免责："科技成果转化过程中，通过技术交易市场挂牌交易、拍卖等方式确定价格的，或者通过协议定价并在本单位及技术交易市场公示拟交易价格的，单位领导在履行勤勉尽责义务、没有牟取非法利益的前提下，免除其在科技成果定价中因科技成果转化后续价值变化产生的决策责任。"

第三节　科研人员的成果转化收益及责任

一、科研人员的科技成果转化奖酬大幅提升

一是大幅提升了法定奖酬的比例。1996年《促进科技成果转化法》第二十九条和第三十条规定的科技成果转化奖励最低标准是转让净收入的20%；新《促进科技成果转化法》则规定不低于50%。具体条款为"第四十五条科技成果完成单位未规定、也未与科技人员约定奖励和报酬的方式和数额的，按照下列标准对完成、转化职务科技成果做出重要贡献的人员给予奖励和报酬：（一）将该项职务科技成果转让、许可给他人实施的，从该项科技成果转让净收入或者许可净收入中提取不低于百分之五十的比例；（二）利用该项职务科技成果作价投资的，从该项科技成果形成的股份或者出资比例中提取不低于百分之五十的比例"。多数高校在科技成果转化的实践中，奖励标准大都是转让净收入的70%，个别高校达到90%以上。

二是单位与科技人员或转化人员关于奖酬标准和数额问题可以进行约定，并且约定优先。但是，对于国有科研机构、高等院校制定的奖励和报酬规定或与发明人、转化人员约定的奖励和报酬标准不得低于上述法定标准。

三是"国有企业、事业单位依照本法规定对完成、转化职务科技成果做出重要贡献的人员给予奖励和报酬的支出计入当年本单位工资总

额，但不受当年本单位工资总额限制、不纳入本单位工资总额基数"。这一点对于国有企业、事业单位极为重要，因为国有企业、事业单位均有工资总额额度的限制，如果加大对科研人员或转化人员的奖励力度，那么在工资总额的限制下，就可能需要降低其他职工的工资，不利于本单位的和谐稳定。新《促进科技成果转化法》规定科技成果奖酬支出不受工资总额限制，能够使国有企业、事业单位在不影响其他职工工资利益的前提下，真正落实对科研人员和转化人员的奖励报酬制度。

二、科技成果转化收益的税收优惠

（1）递延纳税优惠政策

《关于实行以增加知识价值为导向分配政策的若干意见》指出，完善股权激励等相关税收政策。对符合条件的股票期权、股权期权、限制性股票、股权奖励以及科技成果投资入股等实施递延纳税优惠政策，鼓励科研人员创新创业，进一步促进科技成果转化。

以前在科技成果确定股权的过程中分两步纳税，这个比例比较高，按照《个人所得税税法》规定，税率最高到45%；并且还没有获得现金收入就要交很大一笔税款。财政部和税务总局在2016年9月份出台的《财政部国家税务总局关于完善股权激励和技术入股有关所得税政策的通知》（财税〔2016〕101号）把两步纳税合并成一步纳税，而且是在取得现金环节纳税，或者上市了可以转让，或者没上市进行股权转让获得现金的时候纳税。而且，特别明确了科研人员有选择权，如果选择延迟纳税的话，一次纳税税率按20%计算，可能使科研人员科技成果转化收益的纳税比例下降约一半。这项规定有助于构建对科技人员股权激励等中长期激励的制度安排，充分调动科研人员创新创业的活力和积极性，使科技成果最大限度转化为现实生产力。

（2）科技成果转化收入（现金奖励）减半征收个人所得税

国务院总理李克强 2018 年 4 月 18 日主持召开国务院常务会议，决定对职务科技成果转化获得的现金奖励实行个人所得税优惠。会议指出，加大对科技成果转化的政策激励，有利于更大激发创新活力，提升经济竞争力，促进民生改善。会议决定，在落实好科技人员股权奖励递延纳税优惠政策的同时，对因职务科技成果转化获得的现金奖励给予税收优惠。具体是：对依法批准设立的非营利性科研机构、高校等单位的科技人员，通过科研与技术开发所创造的专利技术、计算机软件著作权、生物医药新品种等职务创新成果，采取转让、许可方式进行成果转化的，在相关单位取得转化收入后三年内发放的现金奖励，减半计入科技人员当月个人工资薪金所得计征个人所得税，减轻税收负担，促进科技成果转化提速。

李克强总理在此次国务院常务会议上强调："政府要积极引导，大力推动，努力在全社会培育养成一种尊重科学、鼓励创新的时代氛围。"李克强表示，加大对科技成果转化的政策激励，有利于更大激发创新活力，提升经济竞争力，促进民生改善。李克强总理说："我们推动科技创新，不仅需要加大财政投入，更重要的是创新体制机制，更大释放科技人员创新创造活力。"

2018 年 5 月，国家财政部、科技部下发《关于科技人员取得职务科技成果转化现金奖励有关个人所得税政策的通知》（财税〔2018〕58号），明确了"依法批准设立的非营利性研究开发机构和高等学校（以下简称非营利性科研机构和高校）根据《中华人民共和国促进科技成果转化法》规定，从职务科技成果转化收入中给予科技人员的现金奖励，可减按 50% 计入科技人员当月"工资、薪金所得"，依法缴纳个人所得税。

三、允许科研人员兼职或在岗创业或者离岗创业

《实施〈中华人民共和国促进科技成果转化法〉若干规定》（国发〔2016〕16 号）的第二条"激励科技人员创新创业"第（七）项规定："国家设立的研究开发机构、高等院校科技人员在履行岗位职责、完成本职工作的前提下，经征得单位同意，可以兼职到企业等从事科技成果转化活动，或者离岗创业，在原则上不超过 3 年时间内保留人事关系，从事科技成果转化活动。研究开发机构、高等院校应当建立制度规定或者与科技人员约定兼职、离岗从事科技成果转化活动期间和期满后的权利和义务。离岗创业期间，科技人员所承担的国家科技计划和基金项目原则上不得中止，确需中止的应当按照有关管理办法办理手续。"

2017 年人力资源社会保障部《关于支持和鼓励事业单位专业技术人员创新创业的指导意见》（人社部规〔2017〕4 号）明确提出："支持和鼓励事业单位专业技术人员兼职创新或者在职创办企业"。对于离岗创业，"3 年内保留人事关系""离岗创业期间取得的业绩、成果等，可以作为其职称评审的重要依据"。该意见（人社部规〔2017〕4 号）允许在职创业是一大进步。我们调研认为，大多数理工类学科的教师并不适合离岗创业或去企业就职若干年。一旦离开学术岗位（学校实验室）若干年，就很难回到学校从事前沿研究工作。相比较，"旋转门"制度适合人文社会科学的学者；校园外的大社会是文科学者的大实验

室，浸润于社会若干年可能有利于多数文科学者。

当然，兼职或在岗创业或者离岗创业，都要在完成本职工作和不损害本单位利益的前提下、并征得单位同意后开展的，其收入在照章纳税后归个人所有。这样一个约定，实际上体现了鼓励与约束并重的原则。《关于实行以增加知识价值为导向分配政策的若干意见》明确了"兼职或离岗创业收入不受本单位绩效工资总量限制，个人须如实将兼职收入报单位备案，按有关规定缴纳个人所得税"。

四、科技人员提供的技术服务属于科技成果转化

"四技服务"（技术开发、技术咨询、技术服务、技术培训）是不是属于科技成果转化？政产学研各界人士没有形成统一的认识。其中，技术转让领域的科技人员奖酬规定，写入了我国《促进科技成果转化法》。对于另外 3 类服务，《实施〈中华人民共和国促进科技成果转化法〉若干规定》（国发〔2016〕16 号）规定："对科技人员在科技成果转化工作中开展技术开发、技术咨询、技术服务等活动给予的奖励，可按照促进科技成果转化法和本规定执行。"然而对于这句话，有不同理解。一种观点认为，科技人员只有从事与科技成果转化相关的技术服务，才可获得奖酬；另一种观点认为，"四技服务"都是把科技成果转化为生产力的方式，从事这些工作的科技人员都应获得奖酬。

《教育部科技部关于加强高等学校科技成果转移转化工作的若干意见（教技〔2016〕3 号)》则给出了肯定的答复，并且"科技成果转移转化的奖励和报酬的支出"不受工资总额限制。相应原文如下：

"高校科技人员面向企业开展技术开发、技术咨询、技术服务、

技术培训等横向合作活动，是高校科技成果转化的重要形式，其管理应依据合同法和科技成果转化法；高校应与合作单位依法签订合同或协议，约定任务分工、资金投入和使用、知识产权归属、权益分配等事项，经费支出按照合同或协议约定执行，净收入可按照学校制定的科技成果转移转化奖励和收益分配办法对完成项目的科技人员给予奖励和报酬。对科技人员承担横向科研项目与承担政府科技计划项目，在业绩考核中同等对待。"

"科技成果转移转化的奖励和报酬的支出，计入单位当年工资总额，不受单位当年工资总额限制，不纳入单位工资总额基数。"

由于各地对以上政策理解的不同，过去3年，国内一些省市的科研院所与企业签订技术服务合同后，科研人员难以得到奖酬。2019年2月上海颁布的"科改25条"明确提出："经过技术合同认定登记的技术开发、技术咨询、技术服务等活动的奖酬金提取，职务科技成果转化奖酬支出，均不纳入事业单位绩效工资总量。"

这意味着，上海"科改25条"和2016年教育部、科技部的意见（教技〔2016〕3号）都明确"四技服务"本质上都是科技成果转化，应让科技人员通过科技成果转化实现名利双收，构建完善以知识价值为导向的分配机制。

五、事业单位科研人员创业的知识产权问题

高校中的工科院系教授创办学科性公司相当普遍，没有官方的统计，也无法统计。因为，其中有不少属于"地下性质"。对于这些学科性公司，我们走访之后的感觉，认为其存在合理的一面。对于教授本人

或学科团队，可以有个平台来传播和应用知识，同时，还可以获得一定的报酬。当前大学生的实践机会并不是很多，而一个良好运行的学科公司能为大学生提供实践机会，并有可能获得一定的报酬。只要教授或团队能基本上完成学校的任务，不发生事故，实践中多数学校不会直接干预。

这些教师创办的学科性公司或者其学生创办的公司事实上是实现产学对接的重要途径。但是由于不少公司是"地下创业"，产权无法清晰，外部资金不愿意入股，企业难以做大做强。"地下创业"的原因，一方面，科技成果属于职务发明，其转化要走学校审批程序，程序复杂，新的成果转化法实施前还较少考虑科研团队的经济利益；另一方面，政府和高校的政策不支持教师在岗创业。

对于以上"地下创业"等情况，我们有如下建议。

（1）职务科技成果是归单位所有的知识产权。虽然职务科技成果的所有权不属于科研人员，国家的相关法律法规、政策文件都已经非常明确将其收益权绝大部分授予成果完成人。2015 年修订的《促进科技成果转化法》规定职务科技成果一旦实施转化，单位要将其所获得的收益（现金、股权等）的 50% 以上奖励成果完成人；大多数事业单位实际上是按 70% 的比例操作。因此，科研人员要自行创业（对其所完成的职务科技成果实施转化），较好的选择是其创办或兼职的企业走相关的流程向单位申请许可或转让该项科技成果。

（2）事业单位应该支持成果完成人在不改变职务科技成果权属的前提下，对其所完成的职务科技成果实施转化。转化前需要与单位签署书面合同，约定转化方式、转化期限、转化价格（或者未来三年的价格确定方式）和收益分享等。实践中，部分高校对此实施"三年免费许可"的优惠政策。

2015年新修订的《促进科技成果转化法》有的规则规定得非常具体，可以直接适用，而有的条款则固定得较为原则，不能直接适用。[①]有关部门在后续制定的文件并没有更加详细，部门之间的文件并不协调。无论何种情况，均需要科技成果权利人、发明人、转化人员和政府管理人员认真理解法律的主要内容及其背后的意义，并积极加以适用。唯有如此，才能真正迸发制度红利，促进科技成果的转化，实现国民经济的快速稳定发展。

在本书定稿之际，我们欣喜迎来财政部于2019年9月印发的《关于进一步加大授权力度促进科技成果转化的通知》（财资〔2019〕57号）。《通知》在原已下放科技成果使用权、处置权、收益权的基础上，进一步加大科技成果转化形成的国有股权管理授权力度，畅通科技成果转化有关国有资产全链条管理通道，支持和服务科技创新。一是加大授权力度。按原规定，中央级研究开发机构、高等院校科技成果作价投资形成国有股权的转让、无偿划转或者对外投资等事项，需要按权限逐级报主管部门和财政部审批或者备案；科技成果作价投资成立企业的国有资产产权登记事项，需要逐级报财政部办理。为缩短管理链条，提高科技成果转化工作效率，《通知》将原由财政部管理的上述事项，授权中央级研究开发机构、高等院校的主管部门办理。二是整合现行规定。现

---

① 张嘉荣，尹锋林. 新《促进科技成果转化法》与知识产权运用评析［J］. 电子知识产权，2015（11）.

行中央行政事业单位国有资产管理制度，涉及资产配置、使用、处置、评估、收益等环节管理规定。为了使科研人员通过一个文件全面掌握科技成果转化有关的国有资产管理要求，《通知》整合了科技成果转化涉及的国有资产使用、处置、评估、收益等管理规定。在资产使用和处置方面，中央级研究开发机构、高等院校自主决定科技成果转让、许可或者作价投资，不需报主管部门和财政部审批或备案；在资产评估方面，科技成果转让、许可或者作价投资，由单位自主决定是否进行资产评估；在收益管理方面，科技成果转化获得的收入全部留归单位，纳入单位预算，不上缴国库。①

总之，我们需要打通从科技强到产业强、经济强、国家强的通道。习近平总书记直面我们存在的困难："多年来，我国一直存在着科技成果向现实生产力转化不力、不顺、不畅的痼疾，其中一个重要症结就在于科技创新链条上存在着诸多体制机制关卡，创新和转化各个环节衔接不够紧密。就像接力赛一样，第一棒跑到了，下一棒没有人接，或者接了不知道往哪儿跑。"习近平进一步指出，"要解决这个问题，就必须深化科技体制改革，破除一切制约科技创新的思想障碍和制度藩篱，处理好政府和市场的关系，推动科技和经济社会发展深度融合，打通从科技强到产业强、经济强、国家强的通道，以改革释放创新活力，加快建立健全国家创新体系，让一切创新源泉充分涌流。"②

---

① 财政部资产管理司. 财政部有关负责人就印发《财政部关于进一步加大授权力度促进科技成果转化的通知》答记者问. http：//zcgls. mof. gov. cn/zhengwuxinxi/zhengce-jiedu/201910/t20191011_ 3399731. html. 2019－10－11.

② 习近平. 习近平在中国科学院第十七次院士大会、中国工程院第十二次院士大会上的讲话. 2014－06－09.

第四章

培育发展新型研发机构

近年来，面向经济和科技发展需要的新型研发机构涌现于全国各地，呈蓬勃发展之势。在实践中，新型研发机构有各种称呼，较多采用"研究院"或"产业技术研究院"，也用"先进技术研究院""研究中心""实验室"等。

2016 年中共中央、国务院印发《国家创新驱动发展战略纲要》提出，"发展面向市场的新型研发机构"。《"十三五"国家科技创新规划》的"第二章确立科技创新发展新蓝图""第三章建设高效协同国家创新体系""第十一章打造区域创新高地"多处提及新型研发机构，"第二十章建立高效研发组织体系"有专门的一段文字论述"三、培育发展新型研发机构"，提出要"制定鼓励社会化新型研发机构发展的意见，探索非营利性运行模式"。2019 年 9 月，科技部印发了《关于促进新型研发机构发展的指导意见》（国科发政〔2019〕313 号）。

为了解新型研发机构，我们近年实地走访江浙两省若干家有一定规模的高校产业技术研究院，并赴广东调研新型研发机构。政府部门制定的政策以及我们事先的判断含有价值判断倾向，我们在调研过程和对调研材料进行归纳综合、进一步探讨时注意保持实事求是的科学态度。下文描述新型研发机构的理想模式、实际情况，并提出了相应的政策建议，以期促进新型研发机构的健康发展。

第一节 新型研发机构的发展概况

一、"四不像"的理论

珠三角、长三角较早吸引国内外知名高校、中科院系统创办新型研发机构。1996 年创办的深圳清华大学研究院（以下简称"深清院"）是其中的典型，其"四不像"的办院理念及实践得到各方的认可，并受到其他高校研究院的借鉴。在创办若干年后，当时的深清院负责人在接受记者采访时对"四不像"理论有以下详细的阐述。

> 不同基因在新生态环境下聚合，诞生的将是新的物种，繁衍的将是新的种群。而且我们这个新的物种与现行的体制什么都不像，为此，我们推导出了一个"四不像"理论。第一，研究院不完全像大学，文化范畴不同。研究院既具有大学培养人才和进行科研的功能，又要突破纯学术式的校园文化，融入深圳特色，经济特色和企业文化特色。第二，研究院不完全像研究机构，研究方向不同。研究院走的不是一般科研院所从国家争取课题与经费进行基础性研究的路子，而是面向市场，为企业服务，主要从事应用性技术、科研开发和成果转化研究。

第三，研究院不完全像企业，工作目的不同。研究院在创造经济效益的同时，同样注重提高社会效益。第四，研究院不完全像事业单位，管理体制不同。研究院作为深圳市正局级事业单位，以最大限度地服务社会为宗旨，同时全面实行聘用制的企业化管理方式，引进竞争机制，精选优选人才，保持强劲的后继发展动力。①

以上深清院领导的总结可简要概括为"四不像"：既是大学又不完全像大学，文化不同；既是科研机构又不完全像科研院所，内容（研究方向）不同；既是企业又不完全像企业，目标不同；既是事业单位又不完全像事业单位，机制不同。这"四个是、四个不像"的概括，若结合珠三角、长三角新型研发机构特别是领头羊（如深清院）的发展历程，会让我们更明白新型研发机构是什么。

二、新型研发机构的类型划分

乔辉、刘林青（2014）认为，产研院可分为高校主导型，如陕西工业技术研究院；科学院主导型，如中科院深圳先进技术研究院；政府主导型，如厦门产业技术研究院。② 谈力、陈宇山（2015）从投入主体将新型研发机构进行分类，分为政府主导、高校主导、科研院所主导、企业主导、社会组织、团体或个人主导等模式，每种模式都有其各自的

---

① 彭南林．跨越"象牙塔"到"孵化器"之间的鸿沟：访深圳清华研究院常务副院长［J］．特区理论与实践，2003（2）：17－20．
② 乔辉，刘林青．国家产业创新视角下产业技术研究院角色研究［J］．科技进步与对策，2014（22）：36－39．

优势与劣势，政府对每一类型的支持方式和力度也应该区别对待。①

下面根据"出身"将新型研发机构划分为几种类型。

（1）高校主导型新型研发机构

高校主导建设的新型研发机构在数量上占较大份额，典型的有深清院、浙江清华长三角研究院、广东华中科技大学工业技术研究院等。深清院是领头羊，20 年来深圳南山区的深清院大楼先后有 600 多家企业入驻接受孵化，企业在孵期间销售额、利润大幅增长，其中有达实智能、和而泰、拓邦电子、数码视讯、海兰信等 18 家成为上市公司。

（2）中科院系统主导型新型研发机构

同在南山区，2006 年 2 月围绕深圳市实施创新型城市战略，中国科学院、深圳市政府及香港中文大学友好协商，共同建立中国科学院深圳先进技术研究院，实行理事会管理。2009 年先进院正式完成三方验收，并获中编办批准纳入国家研究院所序列，隶属于中科院。经过 10 多年发展，先进院形成了 8 个研究平台、国科大深圳先进技术学院、多个特色产业育成基地、多支产业发展基金、多个具有独立法人资质的新型专业科研机构。

以上两类新型研发机构都可以看成是传统学术机构的延伸发展。第（1）（2）类一般由一般为传统高校、传统公共科研机构主导，但是，在建设初期政府起到重要的作用。在管理体制、运行机制、考核激励机制方面，这两类新型研发机构与传统研发机构存在差别。它们一般没有

---

① 谈力，陈宇山. 广东新型研发机构的建设模式研究及建议［J］. 科技管理研究，
2015（20）：45－49.

事业编制（或者事业编制较少）、没有行政级别、没有固定事业费支持，市场化运行，自负盈亏。中国科学院系统的深圳先进技术研究院、宁波工业技术研究院等虽然在单位性质上属于国有科研机构，拥有事业编制，但是其运行机制则糅合了一些企业化因素，例如，其下属的产业技术研究院也是独立法人单位。这两类研发机构也是未来传统学术机构（包括高校的院系）转型的蓝本。

（3）民办官助型研发机构

这类新型研发机构类似公益性科研机构，但也没有事业编制，也不享受事业费资助，同样也采用市场化运作的机制，这种形式可以很好地将民间资源和政府资源整合起来，把双方的积极性充分调动起来，形成了强大的合力。如深圳华大基因研究院、深圳光启理工高等研究院。深圳华大基因研究院是一家由企业牵头的致力于公益性研究的事业单位。华大基因研究院秉承（北京）华大基因的学术传统和创新精神，专注于科研探索，从事有重要科学影响和应用价值的研究，截至 2017 年年底，华大基因已发表论文 2300 多篇，SCI 收录的有近 2000 篇。

（4）企业内部研发部门的分化

这类机构通常从企业研发部门中分化而来，一般这些企业对其研发投入较高，如企业战略研究院等形式。如华为中央研究院、中兴通讯研究院。

（5）政府主导型新型研发机构

2017 年 9 月 6 日，开放协同、混合所有制的新型研发机构——之江实验室在杭州余杭区未来科技城"人工智能小镇"正式挂牌成立。按"一体、双核、多点"的架构组建，一体是指之江实验室是由省政府、浙江大学、阿里巴巴集团共同出资成立，双核是指浙江大学、阿里巴巴集团，而多点则指国内外高校院所、央企民企优质创新资源的组织架构。之江实验室是以国家目标和战略需求为导向，准备打造出一批世界一流的基础学科群，整合起一批重大科学基础设施，汇聚成一批全球顶尖的研发团队，最终取得一批具有影响力的重大共性技术成果，使得具有国际竞争力的创新型产业在浙江集群发展。

三、得到普遍认同的定义

对于新型研发机构，国内不少学者下过各自的定义。广东省《关于支持新型研发机构发展的试行办法》（粤科产学研字〔2015〕69号）这样定义："新型研发机构，是指投资主体多元化，建设模式国际化，运行机制市场化，管理制度现代化，创新创业与孵化育成相结合，产学研紧密结合的独立法人组织"。这个定义逐步得到广泛认同。2017年广东省科学技术厅《关于新型研发机构管理的暂行办法》在该定义的基础加上"新型研发机构须自主经营、独立核算、面向市场，在科技研发与成果转化、创新创业与孵化育成、人才培养与团队引进等方面特色鲜明"这段文字。上文提到的这几家在粤新型研发机构都被广东省科技厅认可为第一批新型研发机构。

2019年9月科技部印发的《关于促进新型研发机构发展的指导意见》（国科发政〔2019〕313号）这样定义："新型研发机构是聚焦科技创新需求，主要从事科学研究、技术创新和研发服务，投资主体多元化、管理制度现代化、运行机制市场化、用人机制灵活的独立法人机构，可依法注册为科技类民办非企业单位（社会服务机构）、事业单位和企业。"可以看出，该意见采纳了广东省相关文件的基本内容。

新型研发机构到底"新"在哪里？下面的表格可能有助于理解。

表　传统科研机构与新型研发机构的比较

	传统科研机构	新型研发机构
基本任务	科研	应用性研发＋成果转化＋企业孵化
单位性质	事业单位	不明确；近年不少注册为"民非"
主管部门	科技或行业主管部门	无；或合作单位组建的理事会
公共财政支持	以固定拨款为主	主要通过竞争性项目，部分在初期获得扶持资金
收入来源	政府拨款	以市场化收入为主
员工工资或报酬	与职称等级挂钩	与绩效挂钩

第二节　新型研发机构的理想角色

近年来，面向市场需求的新型研发机构涌现于全国各地，特别是在长三角、珠三角，目前呈蓬勃发展之势。江浙两省的科技资源相对薄弱，10年来积极引进外部科技资源，以完善当地的创新生态系统。例如，2003年11月浙江省做出引进"大院名校"共建科技创新载体的战略部署，打破"浙江科研经费浙江用"的狭隘观念，真正实现"浙江的科技经费全国用，全国的科技资源浙江用"，以此为基础建立起开放的科技创新体系。全省已经累计引进800多家创新载体。典型的有浙江清华长三角研究院、中科院宁波材料研究所。

　　江浙引进的这些新型研发机构作为产学研合作新载体，已经有效地促进当地科技创新体系的开放性，实现科技资源的优化配置，使得科技力量相对薄弱的地方有效地提升了创新能力；它们是长三角各地协同推进发展战略性新兴产业、促进长三角率先转变经济发展方式的排头兵。例如，浙江清华长三角研究院多年来一直探索该研究院的组织设计和如何促进浙江、嘉兴科技经济的发展，在实践中逐步发展形成"政、产、学、研、金、介、用"七位一体的发展模式（"北斗七星论"），真正紧紧围绕长三角区域及国家的发展需求，把清华大学的科技人才和科研资源的优势与长三角经济优势紧密地结合起来，体现了科技对经济社会发展的支撑作用，得到了国家领导人的肯定。

　　安徽一方面积极承接上海等地的产业转移，另一方面在合肥依托中国科学技术大学先进技术研究院打造新型的科技园区。与传统的科技园、高新区不同的是，中国科大先进技术研究院围绕战略性科技创新领域，着重打造连接上中下游的"创新丛林"，以期为战略性新兴产业的培育和发展提供取之不竭的源头活水。经过两年的建设，中科大先进技术研究院与微软、阿里巴巴等16家国际知名企业共建了校所、校企合作的联合研发中心、联合实验室，孵化了20家高技术企业，将会成为合肥新一轮转型发展的引爆点。先研院"是有效整合创新资源，建立健全基础研究、应用研究、技术创新、成果转化协调发展机制的有益探索"（刘延东同志的贺信）。

　　上海是长三角城市群的核心城市，在长三角区域创新体系的建设中起带头作用。上海的高校科研院所积极支持江浙两地的科技发展。例如，上海交通大学、复旦大学等校在无锡、苏州、宁波等城市的政府支持下创建产业技术研究院，有效地促进了长三角城市间的科技合作和当地科技服务业的发展。

在国内其他城市，例如，北京市政府和北京大学于2014年合作成立的北京协同创新研究院将结合重大科技任务引进人才，结合科技创新实践培养人才，结合知识技术转移转化向社会输送人才，结合区域经济社会发展需求培训人才，努力成为我国高科技研究领域人才高地，成为区域创新创业人才培养高地。研究院注重对技术成果转化工程化、产品化阶段应用技术人才的培养，率先尝试通过"产业领袖"培养计划，打破传统以考试、论文为重点的考核方式，将产业化成效作为考核标准，采取"双课堂、双导师、双身份、双考核"的模式培养产业化专门人才，打破教授直接参与企业运营而导致科研、生产难兼顾的尴尬局面。研究院首批将培养100名产业博士生发展成为专门的科技创新产业化人才，成为人才培养的新途径。

总之，近年来国内外区域创新体系的一个基本变化是政府积极支持产学研共同创建新型研发机构（包括若干个技术平台、人才培养基地、科技企业孵化器）；产学研各方依托该研发组织引进和培育创新创业人才，高科技企业在研发组织的园区附近集聚，形成具有集聚效应的创新生态系统。

新型研发机构的理想特征可概括为以下几点：

1. 政产学研各方合作创办新型研发机构，是围绕产业链部署创新链的重大举措。其面向产业实践、面向需求，把学术研究与产业研究链接起来，构建起从基础研发、应用开发到中试、乃至到产品化的相对完整创新链；促进科技与经济的结合。典型的有浙江省绍兴市创办的现代纺织工业研究院服务当地纺织业转型升级。

2. 关注人才的成长，注重培育人才的创新创业精神和能力。科技实力竞争的核心是科技人才的竞争。这类新型研发机构区把人才引进、人才培养和人才发展等任务与研发任务紧密结合。我们初步统计，浙江省70%以上的新型研发机构是由高校参与组建，内在的含有教育属性，已成为学生培养的基地，有助于学生就业或创业。

3. 产生集聚效应。政产学研各方依托这些新型研发机构组建产业技术创新联盟；把人才集聚（包括人力资本生产）、技术创造、产业聚集和新公司创建等活动有机地结合起来。不少新型研发机构已成为当地创新驱动发展的动力站，促进产业升级转型。

另外，多数新型研发机构还有"互联网＋""科技＋金融""国际化"，以及"企业化管理""跨学科的合作研发与教学"等特征。总之，新型研发机构是体现了科技—教育—经济三者密切结合的综合体。

综上所述，新型研发机构在区域科技创新系统中承担重要角色，其发展壮大会促进科技服务业发展，实现科技创新引领产业升级。

第三节　新型研发机构的现实角色

新型研发机构是什么？最像什么？不是看所宣称的目的，要看多数的新型研发机构在做什么？新型研发机构理应是"研发机构"，但是我们调研发现，其多数实质是履行"科技企业孵化器＋研发机构"的功能；占比不少的新型研发机构有演化为科技企业孵化器或大学科技园的趋势，较少履行研发功能。

一、企业化运行

深圳近 20 年来吸引了国内外 50 多所知名大学前来创办新型研发机构，这些高校研究院多数集中在南山区虚拟大学园或附近。早期创办的高校研究院曾得到相对较多的支持。清华大学、北京大学、哈尔滨工业大学等校是第一批来深圳举办研究院的高校。深圳给了每家研究院较好地段的建设用地，以及几千万乃至上亿元的启动与建设经费。"十二五"以来，深圳没有大力度地吸引国内高校创办产业技术研究院。后来创办的高校研究院大都没有得到这么多的启动经费，所获批的建设用地也不处于好地段，研究院大楼建设所需经费也是通过多渠道筹集，如找校友企业出资大部分。"高校来深圳办研究院，需要自己维持生计。深圳政府的做法是能交给市场的，尽量交给市场。内地的高校来了可能受不了，不习惯政府交给市场的做法。"

各校研究院获得的支持和启动经费各有不同，但是大多都要在 3 年的支持期之后完全面向市场。例如，深清院是深圳市政府与清华大学共建，以企业化方式运作的正局级事业单位，实行理事会领导下的院长负责制。1996 年，市校签署合建"深清院"协议书，双方共同投资 8000万元，其中清华大学投资 2000 万元，双方各持 50% 的股份。虽说是深圳的事业单位，但实行企业化管理，只有 20 个编制和三年事业津贴，三年后要完全走向市场。

"新型"的内涵在于体制机制的改革。新型研发机构的重要性不在于其数量或者个体规模，而在于一种新的科技创新体制机制。新体制的研发机构要自主面向市场，是自负盈亏的研发机构，不是旱涝保收的传统科研机构；例如要自主承担科研人员的薪酬。

二、生存是第一要务而不是科技成果转化

作为新型研发机构，大都把科技成果转化作为一个重要的目的。例如，深清院提出了四个主要发展目标：第一，推出一大批拥有自主知识产权、面向市场的科技成果；第二，加速科技成果的转化；第三，培育高科技创业企业；第四，培养高层次人才。但是，实际上新型研发机构是以企业化经营、争取生存作为第一要务。了解这些机构的实际运行会让人更明白其组织性质。

创新成果的研发不容易，科技成果转化也是个漫长的过程。在与高校开展成果交易或研发合作时，大多数企业希望高校的科技成果能较快产生效益。其实，这是一种认识误区，误把"技术当产品"，殊不知从高校的技术到企业的产品之间是有一段距离的。这是我国企业的一种认识误区。

在3年扶持期之内，各地政府给研究院拨付一定数额的运行经费。在3年扶持期之后，研究院从地方政府获得的运行经费逐年减少，除了与校本部双聘的教师的工资得到地方政府补助外，大部分员工的工资要由研究院自身筹措。由于科技成果转化是一个相对漫长的过程，现在多数高校研究院通过举办各类培训、工程硕士教育、MBA教育等方式，以及举办孵化器等方式出租物业，来维持生计。"现在高校研究院的生存模式就是出租房子、培训。许多院校来到深圳后都是依靠着培训起家，培训依然是多数研究院的核心业务。多家研究院面临着生存的困

难，有些研究院亏了不少。真正开展技术转移（把母校的科技成果转移到深圳）的很少。来深圳了，与母校的联系不算多，需要独立发展。如果向母校请示，反馈有比较慢。"

长期以来，一些研究院的工作重点就放在了培训、房产出租上，而不是研发和成果转化上来。不少研究院把学历教育的研究生培养、非学历教育的高层次培训作为其基本职能；或者增加了一块"研究生院"的牌子，但实质是一套人马。近年来，部分高校研究院逐步剥离了学历教育的研究生培养工作。例如，较早来深圳创办研究院的三所大学（清华、北大、哈工大）在研究院的研究生教育办公室的基础上，在深圳大学城专门创建各自的研究生院。这三家研究生院在母校的统一管理下开展教学和科研活动，都将可能发展为三所大学的深圳分校。三所大学的研究院仍然举办高层次的培训，并广受欢迎。

我们调研的多家高校研究院也承认，在较长的时间内，培训是研究院得以维系的、较为稳定的主要经费来源。一些新型研发机构有科技成果转化的动机，但是被动成为培训机构、成为"房东"，陷入这个循环，没有走出来。相比较，深清院一开始也是靠培训、出租房子来维持生计，但较快的通过投资所孵化的企业，获得收益，形成良性的循环。

三、探索建立科技孵化器体系

深清院的目标创新。研究院是科技创新和成果转化基地，着眼于孵化高科技企业，强调的是社会效益和经济效益并重。深清院其关键的成功在于孵化了一批企业；其事业的发展重点也在于孵化一批企业，建立一批科技园。

"一开始，冯冠平也是依靠办孵化器（出租物业），获取现金流。几年之后，联合社会上的产业资本，建立资金池，投资研究院在孵企业的股权。"深清院尤为重视金融服务方面的建设，在 1999 年成立了力合创投公司，2009 年成立深圳清华创新创业基金，为高科技企业提供创业期的天使投资和风险投资，为其孵化器功能的发挥提供了必要的保障，采用多种灵活机制为孵化企业服务，如以租金换股权等。

深清院已逐步探索出"科技创新孵化器"的发展模式，建立了相对完善的"科技创新孵化体系"，形成了科技金融深度融合的发展驱动方式。其在取得良好社会效益的同时也取得了良好的经济效益，被誉为"高科技上市公司的摇篮，创业者成功的阶梯"。这句话是费孝通先生于 2000 年 4 月题写的短语，用金字镌刻在研究院门口。

落户深圳 21 年，深清院交出亮眼的成绩单：累计孵化高新技术企业近 1600 家，投资和创办 180 多家高新技术企业，培育 20 家上市公司，为新兴产业的快速发展发挥重要的孵化推动作用。2014 年，"深圳清华大学研究院产学研深度融合的科技创新孵化体系建设"项目获得广东省年度科学技术奖特等奖。①

第四节　努力构建创新生态系统

为何一些新型研究机构能取得成功？通过对长三角、珠三角等地新

---

① 闻坤. 深圳清华大学研究院：探索科技创新孵化体系的"领跑者"［J］. 深圳特区报，2017 - 07 - 24.

型研发机构现状的调研发现，成功的新型研发机构如深清院形成了"研发项目、人才、资金"等要素良性互动的创新生态系统。

一、卓越的领导能力和独到的眼光（优秀的领导人才）

许多人把深清院的成功归因于创办人冯冠平的领导能力。冯冠平曾任清华大学科技处处长，自身有较高的科学素养和技术水平，能准确把握住产业技术的发展方向；有较大的自主权，一些事情不向学校汇报就可做主；冯冠平较早探索"科技加资本"的技术创新模式，建立投资公司，投资了多家优秀高新技术企业。

深清院在孵化高科技企业、加速高科技成果转化的过程中，逐渐形成了自身独到的核心竞争能力。正是这些核心能力，使得深清院获得了60%以上的风险投资成功率，远远高于社会平均水平，为研究院带来了丰厚的投资回报。深清院的核心能力可以归结为以下三方面：

第一，看项目的能力。深清院不仅自己具备强大的科技实力，而且还背靠着清华大学等国内一流学术机构的高级专家队伍。在专家团队的帮助下，研究院在选择和论证所投资的项目时往往比一般的投资公司更加准确。

第二，看人的能力。高科技企业创业者的"能力风险"和"品德风险"将在很大程度上决定创业的成败。研究院与入住的创业者是一种长期相处、长期考察和长期合作的关系，对于创业者的各种优点和不足都看得很清楚，较好地解决了信息不对称的问题。

第三，独到的投资理念。深清院在风险投资的实践过程中，总结出一条"三不"原则。具体来讲，一是大家都赞成的或都反对的项目，不投；二是技术不超前或者太超前的项目，不投；三是自己不熟悉而且短期内又学不会的专业领域，不投。正是这"三不"原则，保证了被投资项目的创新性和市场潜力，并且便于及时规避技术风险。深清院还有一个独特的投资理念是"民营的马拉国有的车"，即以不控股的投资比例投资于民营高科技创业企业，这样既解决了企业的资金需求，还可以最大限度地利用民营企业积极性高的优势使得被投入的国有资本实现保值增值。①

二、不断提升研发能力

与一般科技孵化器不同的是，高校产业技术研究院在于自身建立了科研平台，具有自身的研发能力；并利用母校相关学科院系的科研能力；在于不断提升自身的能力。这种能力的提升，不在于一些外显的科技成果，而是在于参与者群体的科技创新能力提升。这种能力是面向市场的高新产业发展方向的判断能力，也能对接科技发展前沿的能力。

深清院自己组织团队，开展研究。20 年来，累积投入 6 亿多元，成立面向战略性新兴产业的 31 个实验室（或研发中心），拥有一支包括国内外院士 7 名、973 首席科学家 5 名、引进人才 3 名在内的数百人的研发团队。研发实验室根据绩效情况，决定是否延续或关闭。之所以这样，深清院的工作重点不在于创造新技术，研发平台在于为企业的孵化提供必要的支撑。

---

① 林强、冯冠平等. 科技创新孵化器的管理模式研究：以深圳清华大学研究院为例［J］. 科学学与科学技术管理，2003（8）：16-21.

三、科技与金融的紧密结合（创业投资）

科技成果的转化需要资金的投入。新型研发机构在科技金融领域大胆创新。1999 年 8 月，深清院联合社会资本创建"深圳市清华创业投资有限公司"（现更名为"力合科创集团有限公司"），建立起研究院创新孵化体系中完全市场化、专业化的公司平台。2013 年为强化科技与金融的结合，深清院在前海发起设立力合金融控股股份有限公司，形成了以创投公司、基金公司、科技小贷公司、科技担保公司、融资租赁公司为核心的金融产业链，为中小微科技企业提供"一揽子"金融服务，用投贷联动创新方式实现企业价值增值。[①]

四、努力成为人才高地

一些高校产业技术研究院虽然没有转化校本部的有形成果，但是，研究院基本上都是围绕相关的优势学科、优势能力开展的。例如，东南大学设在长三角多地研究院围绕通信工程、微电子；南航的研究院从事飞行器设计相关的产业技术研发和推广。高校在其优势研发领域的能力、人脉关系得到了体现。

并且，参与培训的学生日后创办企业时，与研究院合作开展创新创业；形成创新生态系统。深清院培训中心作为深清院负责教育培训的专

[①] 罗涛．深圳发展新型科研机构的经验和启示［J］．高科技与产业化，2013（11）：24－28．
闻坤．深圳清华大学研究院：探索科技创新孵化体系的"领跑者"［J］．深圳特区报，2017－07－24．

业机构，依托深圳特区的地域优势，积极整合研究院以及国内外名校资源，致力于高层次人才培养的同时为企业家提供产学研资一体化服务，从1997年办学至今，已经为4万余名学员提供了智力支持。不少学员依托深清院的创新体系创办企业。

中国科学院深圳先进院意识到"人才一流"是建设一流的工业研究院的基础。采用全球招聘策略，确保65%以上的博士员工从海外招聘，形成了以海外人才为主的人才构成格局，是国内海归密度最高、国际化学术交流氛围最好的研究机构之一。在创新实践中发现人才、在创新活动中培育人才、在创新事业中凝聚人才，先进院先后成为国家部委创新人才培养示范基地；深入实施广东省珠江人才计划、深圳"孔雀团队计划"，构建起了三级人才梯队，成为华南地区人才高地。截至2016年年底，先进院人员规模达2243人，其中员工1283人，学生960人；拥有几百名海归精英。

五、开展开放式创新，形成创新生态系统

有意思的是，深清院将哈工大、海外名校的技术成果搬到深圳来成功转化，母校清华大学的技术成果转化特别成功的好像很少。不管怎样，深清院有较好的眼光，孵化了一批优秀的高新企业。

如何看待这个现象？科技成果转化率比较低。这是比较普遍的现象，因为学术成果转化为产品，其实要走很长的路。这里有两方面的具体原因：（1）成熟的科技成果本来就不多；（2）新型研发机构（高校产业技术研究院）作为独立的法人单位，难以直接从校本部获取科技成果。校本部科研人员也没有义务来深圳转移转化。长三角一些高校研

究院的研发项目并不是来自母校，许多项目都是在本地立项、本地开展，与母校并没有太多的联系，它们并未能实现"中试基地"的期望。

深清院开展开放式创新：（1）履行"窗口的作用"，把科技信息介绍给广东的企业；（2）把其他高校或科研院所的成果进行转化。这也是新型研发机构的开放性、网络化的表现。开放性创新模式是新型研发机构的共同特征，主要体现在人才上的广纳百川，在项目上的多方合作，在投资主体上的百花齐放，在管理机制上的灵活开放等。无论是以源头创新为任务的科研机构，还是服务产业发展的产业技术研究院，都形成了集聚国内外创新资源、产学研相结合的创新体系。多年来，深清院通过与国际知名企业、大学、研究机构合作，迅速在数字电视、传感器、RFID、超精抛光、通信等关键技术上获得突破，促进了相关产业的形成和发展。

新型研发机构开展技术研发、企业孵化、创业投资、学生培训，在体制机制创新的基础上，它链接了学术研究与产业研究，构建起相对完整的创新链；它把研发任务与人才培养密切结合；它结合了技术创造、高技术企业的集聚；形成了良好的生态系统，吸引优秀人才的加盟，成为人才高地。

正是由于新型研发机构在区域创新体系中扮演了越来越重要的角色。广东、江苏、浙江等地近年来大力支持其发展壮大。2014 年 9 月广东专门召开全省新型研发机构现场会，省政府明确提出，要对新型研发机构建设发展进行支持，既要研究出台财政扶持、税费优惠、人才引进等新的专项扶持政策，又要重点消除制约新型研发机构发展的政策障碍，使其在政府科研项目申请和承担、税收优惠等方面，享有与传统科研机构同等待遇。

第五节　新型研发机构发展模式探索

科技创新要从传统的学科成果转移转化的单向模式，转型为产业需求导向的产学研协同创新模式。长三角某高校研究院十多年来的发展历程案例也许能启示我们未来新型研发机构乃至各类学术机构的运行模式。该院负责人在接受我们的访谈时，把研究院的发展历程划分为三个大步。

第一步：研究院的早期办院模式类似于高校传统的做法，即按照以学科领域建立了若干个学科性研究所，如生物技术与医药研究所等，招聘专职科研人员、从母校双聘教师开展科研工作，然后把研究所的成果转化出去。这种传统的科研方式要花费较长的时间才能等到成果产出，有时产出的成果也不是市场所需。

第二步：依托海归人才带来较为成熟的科技成果进行转化。2009年开始，在省市政府的支持下，研究院每年举办"海外学子长三角行"。国家层面的人才引进计划也于2009年启动。研究院引进了多位美国知名高校的海归人才，带来了较为成熟的科技成果。当时研究院到硅谷成立基地，同期国内多家高校研究院也到硅谷成立基地。这种是拿来主义的方式，现实已经证明这是不可持续的。特别是特朗普就任总统以来，美国外交政策大转向。

第三步：产业导向的办院模式。即以地方要重点发展的新兴产业为先导；注重先引进这些产业的创业项目进行孵化，研究院的自身发展有相应的资金支持（即租金收入等），并寻求各方资金专门成立了风投基金，投资在孵的项目（新注册公司）。有了产业基础（创业项目、相应的资金支持），然后再根据产业发展的需求建若干个研发平台，为产业的进一步发展提供支撑。

几年前，研究院在另个城市新建研究院的分院，分院以产业为先导，重点培育当地政府高度重视的新兴产业（智慧产业、移动互联网、大数据、生物医药等）。当地政府免费提供20年的办公、孵化和产业化用房。分院已经开始孵化了100多个项目（新注册公司），并专门设立科技项目孵化专项资金予以扶持，已经投了80多个项目。分院对80多家项目（企业）的股权投资有助于分院形成共生的生态系统。创业企业的第一代产品大都由院内的其他企业先使用。因为，研究院作为股东要推荐新产品给关联企业，这样企业间的融合很好。分院的工作人员因为持有分院投资基金的股权，会自觉积极服务在孵企业。

在孵的企业有30多家与大数据产业有关，在当地政府的支持下，分院整合国内金融和通信运营商资源，建设大数据研究院，打造移动互联产业集聚区。并且，整合多家知名高校的生物医药领域的科技资源，联建生命健康科学研究院。分院将围绕智慧城市建设规划，推动智慧城市产业发展，积极谋划和争取共建智慧城市协同创新中心。

正是由于采取了新的科技创新创业模式，该院近年来取得了较大的成绩。其发展的"第三步"反映出"根据产业链部署创新链"的理念，其形成了共生的创新生态系统，具备了可持续发展的能力。

第六节　新型研发机构的应然

新型研发机构应该是什么？"四不像"理论只是描述了其现状。从单位性质上，新型研发机构应该是公益的事业单位，还是应该是民办非企或企业？

一、新型研发机构的内涵在于体制机制创新

新型研发机构是由政府投入先期建设经费、由高校或科研院所为主承担或指导后期运行任务的研发实体；产学研各方依托该组织引进和培育创新创业人才，创办高科技企业，形成具有集聚效应的创新生态系统。新型研发机构包括高校与地方政府、企业共建的产业技术研究院（其内含若干个研发平台、人才培养基地、科技企业孵化器，或与之有合作关系），或者新型的理工科院系或研究所，或者以上组织的综合体。

新型研发机构的组织形态多样，规模大小也不一，在区域技术创新体系中的角色也不一。新型研发机构出现的原因在于科技创新模式的转型，从某个角度来看，也是传统科研机构向市场端延伸、传统企业和科技园向研究端延伸的结果，新型研发机构兼具了这几类组织的特性。新型研发机构是政府（以及高校、科研院所）的组织力量与企业的市场力量的汇聚点。它把学术研究与产业研究链接起来，构建起从基础研发、应用开发到中试、乃至到产品化、企业孵化的完整创新链，还把人

才引进、人才培养和人才发展等任务与研发任务紧密结合，把技术创造、产业聚集、人才集聚（包括人力资本生产）和新公司创建等活动有机地结合起来。新型研发机构在区域创新体系中发挥越来越重要的作用。

新型研发机构的建设与发展就是体制机制创新的过程。这种体制机制创新实现了创新链、产业链、资金链的紧密融合，消除了传统创新链条各个环节独立性强，容易"断链"的弊端，从根本上解决了经济科技"两张皮"的问题。在合作机制上，充分利用政产学研资合作，面向产业发展，背靠创新资源，引入金融资本，建立了"政策＋创新＋产业基金＋VC和PE"的新机制，为科技成果的快速产业化提供全方位服务与支撑，大幅提高了科研成果转化效率。

二、新型研发机构的单位性质

由于学术界以知识创新为首要宗旨，而产业界以市场需求、稳定性、低成本等指标来评价科技成果。"技术是高深的，资本是残酷的、逐利的"。这种价值观的不同；评价的指标不同；经济与科技常难以融合。新型研发机构促进了创新链的完整，从根本上解决了经济科技"两张皮"的问题。它是黏合剂，或者是"第三张皮"；既有学术机构的属性（事业单位），也有市场经济的属性（企业）。

新型研发机构在单位性质上比较多样化：既有事业单位，也有民办非企业、企业或企业内设的，还有国有转制的。例如，深圳清华大学研究院和中国科学院深圳先进院两家属于事业单位，有一定的事业编制，但是，"事业编制并不具体对应到个人，而是统筹使用"，对研究人员采用聘用制，具有较大的自主性和灵活性。这可以称为国有新制。许多企业性质的新型研发机构也注册为事业单位，例如，华大基因和光启在成立之初都是以"民办非企业单位"身份注册，都是民办公助的非营利性科研机构。为了克服已有体制问题上的障碍，促进其发展，深圳市将其改制为二类事业法人单位，但改制后仍采用民办研发机构的体制机制运营。它们实质上是"民办公助"。这种企业化运作的、企业性质的"事业单位"是特定时期的产物。后期需要明确。

对"新型"这个词难以下定义、明确分类，但是"新型"包括了太多。2012 年启动的事业单位分类改革是指将现有事业单位按照社会功能划分为承担行政职能、从事生产经营活动和从事公益服务三个类别。对承担行政职能的，逐步将其行政职能划为行政机构或转为行政机构；对从事生产经营活动的，逐步将其转为企业；对从事公益服务的，继续将其保留在事业单位序列，强化其公益属性。前些年新型研发机构大多登记为事业单位的；最近几年随着事业单位分类改革，新设的新型研发机构大多在民政部门登记注册为民办非企业单位。

多位从事科研管理的管理人士认为，《民法总则》于 2017 年 10 月 1 日施行以后，新型研发机构应登记为社会服务机构。《民法总则》规定了营利法人（包括有限责任公司、股份有限公司和其他企业法人等）、非营利法人（包括事业单位、社会团体、基金会、社会服务机构等）、特别法人（包括机关法人、农村集体经济组织法人、城镇农村的合作经济组织法人、基层群众性自治组织法人等）和非法人组织（包括个人独资企业、合伙企业、不具有法人资格的专业服务机构等）四类机构形态，不同的机构形态具备不同的法定权利义务。

总之，我们认为，目前各界对新型研发机构的定义、标准缺乏明确的统一认识；政府可否资助、如何资助这些新型研发机构也并没有明确。对于政府支持与商业利益有关的创新活动，多少会存在公平正义的问题。目前，不少新型研发机构实际上是大学科技园的升级版，并没有承担起应有的研发工作或技术服务。我们认为，政府扶持的重点需要转向支持公益型的大型公共技术平台。

三、建立利益冲突审查制度和公示制度

不管是注册为事业单位还是企业，多数新型研发机构按企业机制运行，参与营利性活动，实现了知识的价值增值。为了避免组织层面上的各种利益冲突，高校创办的新型研发机构、新型研发机构创办的科技企业都注册为独立的法人；但是若干位高校教师可能既是新型研发机构的科研人员，又是企业的管理人员；也就是同一批核心人员参与了高校的学术研究、新型研发机构的应用性研发工作，以及科技企业的商业化经营。这种人员队伍的构成，有利于新型研发机构实现创新链、产业链、资金链的紧密融合。目前，这种人员队伍构成方式是比较常见的，但是可能存在利益冲突的问题。很遗憾，2019 年 9 月科技部印发的《关于促进新型研发机构发展的指导意见》（国科发政〔2019〕313 号）并没有提及目前这种现象。

在新型研发机构，高校教师已经是事实上的在岗创业。为深入实施创新驱动发展战略，2015 年左右国家和地方政府大力鼓励事业单位科研人员兼职创业；2016 年之后，政府政策进一步明确支持"在岗创业"。例如，2017 年人力资源社会保障部《关于支持和鼓励事业单位专

业技术人员创新创业的指导意见》（人社部规〔2017〕4 号）明确提出："支持和鼓励事业单位专业技术人员兼职创新或者在职创办企业。"

人员的多种身份，再加上学术研究、产业技术研发与经济活动密切联系，需要避免各种利益冲突。通过建立起利益冲突的审查制度及其公示制度，可以避免科学家或管理人员公职上代表的公共利益与其自身具有的私人利益之间的冲突。这里的利益，不仅是经济利益，还包括组织声誉、个人专业声誉等。

其次，要严格公共财政支持的科研经费的使用，严格按照科研项目的合同约定使用经费；严防公共科研经费的挪用；建立公共科研经费使用的信息公开制度。

再次，科技成果（所有权）尽早转让给新型研发机构。科技成果的成功转化（如产品最终上市）有多大的成分归因于高校的学术研究工作；有多大的成分归因于新型研发机构的应用性研发工作或者创业企业的产业化开发，这是一个难以明确的问题。尽早转让，可以避免科技成果难以归属的问题，也促成社会资本对技术研发工作的早介入、早投入。并且，目前随着《科技成果转化法》的深入实施，科技成果价值的第三方评估、协议转让的公示制度，以及成果的拍卖制度在各地各高校都在逐步完善，这都有利于科技成果的尽早转让。

结语

新型研发机构是大学与产业界之间的"接口""桥梁"。从组织结构上，这类组织往往不是等级组织，而是网络型组织，实现"开放式创新"。市场的力量要起决定性作用，企业要发挥主体作用。珠三角、长三角一些新型研发机构能取得成功，与当地科技创新以企业为主、市场力量起重要作用的创新体系是分不开的；在这种创新创业环境下，产品能迅速推出，能有竞争力，企业能相对容易孵化成功。

新型研发机构的出现像一个自相矛盾的事件。一方面，一些大学要剥离新型研发机构让其成为独立的法人组织，大学继续保持单纯，回归学术；另一方面，新型研发机构又成为无所不包的组织。一方面，基础研究、应用研究、开发、生产等之间的界限模糊了；另一方面，企业的研发部门分离出来成为一个独立的组织。尽管新型研发机构的单位性质不明确，像国外的创业型大学如英国 Warwick 大学那样，我国的新型研发机构已经表现出强大的生命力和创业活力，成为区域发展的社会服务站（community service station）。"如果社会不能从原有机构中获得它所需要的东西，它将导致其他机构的产生。"① 大学如果继续躲在象牙塔背后，那么新型研发机构将会取代其发展。

新型研发机构的发展需要体制机制的改革与创新。新一轮的科技革命来临之际，国际科技竞争加剧之际，科技资源的配置、科研成果的产出与转化都需要科技体制机制的不断改革创新，不能囿于现有的法律条文或者所谓的程序。建议通过各种公开公示的做法，把科技创新创业工作摆在阳光之下，实现"实质的公平正义"；而不是受困于某些文本的约束，或者所谓的"程序正义"。

习近平总书记在 2018 年 5 月 28 日召开的两院院士大会上指出，

---

① （美）克拉克. 高等教育新论——多学科的研究［M］. 王承绪，徐辉，等译. 杭州：浙江教育出版社，2001，12：35.

"科技领域是最需要不断改革的领域"。我们要全面深化科技体制改革，提升创新体系效能，着力激发创新活力。创新决胜未来，改革关乎国运。①

第七节　案例：北京协同创新研究院

一、北京协同院的创建背景及理念

北京协同创新研究院源于北京大学工学院的北京大学创新研究院。课题组成员实地考察了北京协同创新研究院，并有幸多次参加相关会议，听取了院领导的报告。（注：以下的内容资料参考了院领导报告的PPT及宣传资料）

研究院按照围绕产业链组建创新链的思路成立若干协同创新中心，采取"协同创新中心—基金二元耦合"运营机制。以"整合一批世界一流的大学，聚集一批世界一流的高端人才，创造一批世界一流的科技成果，培育一批世界一流的高科技企业"为发展策略，致力于实现大学与大学协同、大学与产业协同、企业与行业协同、创新与人才培养协同、首都知识经济与地方产业经济协同等五个协同。研究院成立以来，13家科研单位和70多家行业龙头及高科技领军企业参与共建，正在探

---

① 习近平. 在中国科学院第十九次院士大会、中国工程院第十四次院士大会上的讲话. 2018 – 05 – 28.

索市场化协同创新发展之路。2014 年 8 月 28 日，在北京市科委与海淀区共同推动和支持下，以北大、清华、中科大、北航、北理工、农大、中科院等 13 家科研单位和商飞、潍柴、美亚柏科等 70 多家行业龙头及高科技领军企业为基础，成立"北京协同创新研究院"，以期将首都丰富的科教资源转化为产业竞争优势。

北京协同创新研究院成立之初就采取开放、集团化方式，目标定在打造"原创科技的策源中心、行业技术进步的促进中心、大企业的技术创新中心和中小企业的产品创新中心，并最终建设国际一流的创新中心"。它不是传统意义上的研究院，首先将采取新机制，吸引和聚集高校院所、行业龙头企业等众多创新要素，围绕某一具体技术领域和市场需求开展联合创新。北京不缺高校产业技术研究院所，但缺乏一个有效的平台。高校科研院所间互相割裂，难以在基础、应用研究方面协同；成果出来了，企业发现难以应用，企业与高校割裂。

北京协同创新研究院将吸引和聚集高校院所、行业龙头企业等众多创新要素，围绕某一具体技术领域和市场需求开展联合创新，致力实现大学与大学协同、大学与产业协同、企业与行业协同、创新与人才培养协同、首都知识经济与地方产业经济协同等五个协同。

一是大学与大学协同。分析支撑某产业的主要学科，选择这些学科实力最强的大学（院）委派领军人才，建立若干专门的先进技术研究实体，保证支撑一个产业是学科强劲的大学组合，形成超强的研究力量。

二是大学与产业协同。遴选出覆盖该产业全产业链的一批企业和代表性用户，共建协同创新基金，共同规划、评估、投资项目和实施成果转化，与上游大学和先进技术研究群体共同形成包括基础研究、应用研究、产业发展和应用示范等4个层次，"目标一致、责任共担、利益共享、行动同步"的金字塔结构协同创新中心。

三是企业与行业协同。研究院将着力围绕行业整体技术进步进行技术发展规划，系统开展该领域共性技术、关键性技术和前瞻性技术的研发与转化，项目完成后由中心内最适合企业或组建新企业实施产业化。

四是创新与人才培养协同。研究院采取"双课堂、双导师、双身份、双考核"的模式，培养高端创新创业人才，即研究生在大学修完理论课后到研究院承担实际科研任务，大学导师指导学术，研究院导师培养其解决实际问题能力，研究院按照全职工作人员发放报酬，提高学生工作积极性，按照理论与实际成果水平决定是否授予学位。

五是首都知识经济与地方产业经济协同。服务首都转型发展，发挥首都的科教优势，创造先进技术，并以知识产权与地方进行产业发展的合作，致力于创造一种知识经济新模式。目前，北京协同创新研究院与河北保定、邯郸等地建立了深度合作关系，支持河北的企业与研究院开展技术合作。

二、北京协同院的治理体系

北京协同创新研究院注册为民办非企业公益法人，采取理事会领导下的院长负责制，下设技术、指导、工作3个委员会。理事会由北大、清华等13所高校以及北京市科委、海淀区政府相关负责同志组成。理事会11个席位中，政府只占2票，剩下的项目判断、分析决策来源于行业专家、产业企业家、投资人士等。

北京协同创新研究院独资成立了"北京协同创新控股有限公司"，由其代表北京协同创新研究院持有及管理各经营性公司股权，控股公司发起设立"北京协同创新投资有限公司""北京协同创新园有限公司""北京协同创新孵化器"等经营性公司，分别负责基金建立管理、园区建设、创业平台建设服务等工作。

2015 年 4 月 23 日，北京协同创新研究院与海淀区苏家坨镇签署合作框架协议，共建北京协同创新园，打造以科学研究和技术创新创业为主的"硬创业"聚集区。北京协同创新园占地 600 亩，将建成 60 万平方米集研发、孵化和企业创新型运营总部于一体的创新创业基地。

三、北京协同院的管理体制与运行机制

北京协同创新研究院建立了课题立项、项目管理等制度。特别在立项方面，建立了有初审、论证、评审和决策四个步骤的立项流程，每个环节均由来自技术、产业和投资三个领域的专家执行，在立项之初就大幅度提高了项目成功并实现技术转移的可能性。

（1）围绕产业链构建创新链

中关村示范区在以创业大街为代表的"商业模式孵化"已经高度成熟和成功的情况下，北京协同创新研究院将成为中关村示范区的"技术孵化器"，将有助于改变当前产业偏"软"的发展格局。

北京协同创新研究院一期规划了 18 个协同创新中心。每个中心包括基础研究院、应用研究、产业发展及应用示范等 4 个层次，其中 1～2 家基础研究成员，3～5 家应用研究成员和 10 家左右的企业，拥有至

少1家国家重点实验室或国家工程中心，成为"顶坚腰强底实"的正金字塔结构。

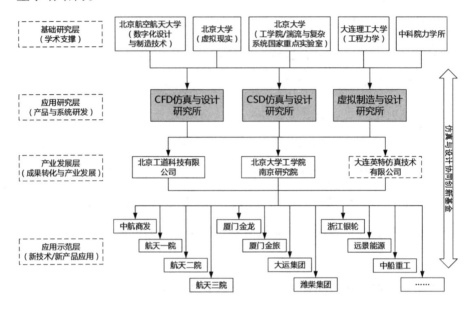

图4-1 北京协同创新研究院的创新链构建——以仿真与设计协同创新中心为例

目前已初步完成仿真与设计、智能机器人、先进制造、智能电网、水处理、节能减排、信息安全、空间信息8个协同创新中心组建，并与"湍流与复杂系统国家重点实验室""精密超精密制造装备及控制北京市重点实验室"等6个国家级重点实验室开展了实质性合作，探索依托重点实验室建设高水平工程技术中心的内生式发展模式。

（2）围绕创新链组织人才链

按照"围绕创新链组织人才链"的思路，北京协同创新研究院建立多层次的人才体系。为保证科研工作始终保持高水平，协同院从共建高校双聘了75位学术所长及首席科学家，负责把握技术发展方向；从海内外公开招聘了 268 名专职产业研究教授（其中博士 206 人）从事技术研发；聘请了一批专职工程师和优秀的实习生支持科研工作，始终以强大的人才链作为支撑创新驱动的重要杠杆。

人才培养是北京协同创新研究院组织人才链、集聚创新人才链的重要内容。目前与部分大学先行先试"产业领袖"计划（"双课堂、双导师、双身份、双考核"的模式培养产业化专门人才），打破传统的以考试、论文为重点的考核方式，将产业化成效作为考核标准。北京大学、北京科技大学及中国传媒大学已从现有招生指标中调剂出 50 个博士生名额先行先试，并将向教育部申请专门的博士生招生指标（向我们介绍时宣称 500 名）。为更好地服务创新创业，北京协同创新研究院计划建设公益性的"北京创新创业学院"，对创业者提供经营管理理论、科技前沿解析与技术发展规划、商业计划书策划及经营实战等方面的训练，为营造良好的大众创业氛围、助力大众创业发挥重要作用。研究院的经营性平台，则公开招聘职业经理人担任负责人。

（3）做好创新"枢纽"，链接全球资源

2014 年 10 月，北京协同创新研究院把分院开到美国硅谷，目前美国的专家库里已有了 96 位任职于美国密歇根大学等知名学府的世界顶级专家。目前，美国方面已经向国内提交并筛选出了 6 个项目。值得一提的是，这些项目都主打尖端科技，分别涉及生物医药、无人机、激光等技术领域。最终这些尖端科技的研发成果也掌握在研究院手中，并拿回中国落地。一些在国内找不到合适团队的项目，也会把经费和项目发往美国硅谷，由美国方面专家人员进行研究。

北京协同创新研究院与香港应科院、台湾工研院、德国史太白大学等科研机构达成了共建联合研究中心的共识，将通过国际技术转移、联合研发、共建国际研究所等形式引入其高端创新资源。

同时，拥有100多位由美国科学院院士、工程院院士等顶级科学家组成的德稻集团，170多名在美华人生物医药专家组成的赛福地基金会，也将全面加入即将布局在"北京创新创业湾"的18个协同创新中心开展研发。

（4）围绕创新链配置资金链

按照"围绕创新链配置资金链"的思路，北京协同创新研究院组建了多元化资金体系和筹建协同创新基金。针对北京协同创新研究院的创新模式，市科委与海淀区积极转变管理方式，不直接具体管理项目，而是委托北京协同创新研究院作为平台统一完成遴选和管理项目，项目由投资人或领军企业筛选。由母基金或子基金实际投资的项目，政府予以优先配套支持，既发挥了政府引导创新的作用，又能保证由市场主体来主导创新方向、检验创新成果，并以未来的经济效益配置创新资源投入。

目前，北京市科委计划每年安排专项经费资助前瞻技术研发，一期资金已确定；协同创新母基金顺利组建，北京市海淀区出资4亿元、北京市科委出资4亿元、协同院募资2亿元。其中，母基金中50%（即知识产权基金）将用于投资中试项目；而另外50%将用于面向社会发起设立18个协同创新子基金（对应计划的18个协同创新中心），投资转化及产业化项目，总规模将超过30亿元；北京银行将通过集团授信的方式，为研究院参股企业提供债权融资，授信规模约5亿元。通过以上多种渠道，形成了政府资助（重点支持前瞻技术研发）、知识产权基金（重点投资技术研发）、协同创新子基金及社会投资（重点投资成果转化及产业化）等覆盖创新链的资金链。

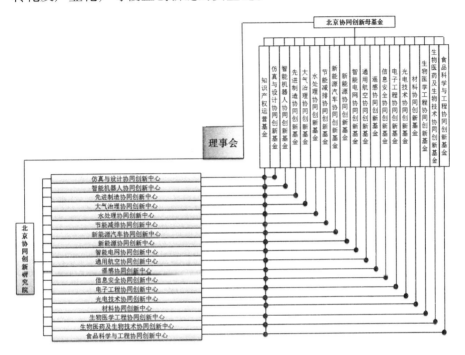

图4－2　北京协同创新研究院的"一中心一基金"

（5）别具特色的4种成果转化模式

"技术成果＋合作企业"模式——知识产权"无障碍转移"。北京协同创新研究院的技术成果由参与合作的企业直接使用，按照销售额提成或按年付费的方式给予北京协同创新研究院回报。

"技术成果＋创业团队"模式——实施"我创新你创业计划"，从北京协同创新研究院遴选具备核心竞争力的研究成果，面向社会招募优秀创业团队，创业团队与基金共同出资组成企业创业。已有5个项目成功组建企业，其中团队出资 30%～50%，较好地解决了团队创业无好项目，教授创业无好团队的问题。

"技术成果＋中小微企业"模式——实施"中小企业协同创新工程"，企业与北京协同创新研究院共同出资，为中小企业量身打造新技术，研发完成后企业转化，助推加快发展。已选出企业 40 多家，并进入课题论证阶段。

"技术成果＋龙头企业"模式——实施"龙头企业整合创新工程"，围绕龙头企业自身产业链规划及研发一批技术，研发完成后由大企业转化，促进做大做强。一批重大项目落地转化及产业化。已与京东方、伊利、潍柴等企业达成了合作共识，进入了项目规划阶段。

近年来，北京协同创新研究院从国内外推荐的 386 个项目中，通过严格论证及重大项目国际评估的方式遴选了 66 个项目，包括"仿真软件""外骨骼机器人""兆瓦级超临界二氧化碳热泵"等具有世界领先水平的项目，这些项目将在 1～2 年内完成研发进入转化或产业化阶段。目前这批项目中已有 28 个与企业达成产业化协议，组建了 19 家产业化公司。

第八节　案例：Z省产业技术研究院

我们课题组近年来多次赴 Z 省产业技术研究院（以下简称"产研院"）及各研究所调研，并曾有幸与院领导、所领导面对面交流。

一、产研院的建设背景、目标、成效情况

五年前，Z省组建省产业技术研究院，确定其为深化科技体制改革的"试验田"。产研院的建设学习借鉴了发达国家和地区的经验，特别是德国弗劳恩霍夫应用技术研究促进协会（1949年成立）、我国台湾工业技术研究院（1973年成立）的经验。

该省的经济发展经过了发展劳动力密集型产业的要素驱动阶段，资本密集型产业的投资驱动阶段，到知识技术密集型产业的创新驱动阶段。只有大力实施创新驱动发展战略，才能实现高质量发展。院领导认为，察看该省的产业发展历程，未来的出路根本在于科技创新。要建设新型研发机构，为产业转型升级，实现可持续的高质量发展提供技术支撑。

正是基于以上思考，产研院定位于科学到技术转化的关键环节，着力打通科技成果向现实生产力转化的通道，为产业发展持续提供技术。其目标是发挥两个桥梁的作用——大学（科学院）与工业界的桥梁和全球创新资源与当地产业的桥梁，将"研发作为产业、技术作为商品"，构建促进产业技术研发与转化的创新生态体系，打造研发产业梦想。未来的产研院将建设成为全球重大基础研究成果的聚集地和产业技术输出地，为产业转型升级和未来产业发展持续提供技术支撑。

5年多来，产研院以"研发作为产业、技术作为商品"为理念，围绕产业链部署创新链，从结构、管理、运作等方面大胆突破，探索出"项目经理""一所两制""合同科研""股权激励"等一系列科技创新的改革举措。产研院正不断探索着新时代科技创新的有效机制，为该省

的高质量发展凝聚巨大创新活力。

据介绍，目前（2019 年）产研院集聚建设专业研究所 42 家（19 家新建研究所）。据介绍，产研院拥有研发人才 6000 多人（"6000 人是个号称的数字，实际是 3000 多人的研发人才"）。经较为准确的统计，目前产研院有各类人员 5800 人。2017 年、2018 年年均经费总额约 20 亿元，年均转化技术成果 1000 多项，年均孵化创新型企业 100 多家。产研院带动科技投入 100 亿元，实现研发产业产值 200 多亿元。据有关人士介绍，产研院获省政府财政拨款若干亿，主要的投入和支持还是靠地方政府和园区。例如，新建研究所大都落户该省的经济大市，该市专门于 2018 年 10 月成立了 N 市产业技术研究院来提供支持服务。

二、产研院的治理及组织结构

（1）实行理事会领导下的院长负责制

产研院是省直属的事业法人，但是在理事会领导下，理事会是由政府的一部分领导与企业、高校的领导构成，理事长由主管工业的省副省长兼任，实行理事会领导下的院长负责制。

产研院是非营利性的新型科研机构，不设行政级别，实行理事会领导下的院长负责制，业务归口省科技厅。

（2）"总院＋专业性研究所"构架

产研院以"总院＋专业性研究所"构架，主要开展重大技术开发集成项目的组织、产业应用技术的研发、转化和服务以及产业发展战略研究。总院不从事具体的技术研发。产研院以会员制形式吸纳符合条件的专业性研究所加盟，并对其实行动态管理。

产研院和专业研究所是加盟的关系，不是上下级的行政管理关系，研究所都是各自独立法人，可以是事业法人，也可以是企业法人（研发公司），可以是公办的或民营的，也可以是合资的，机制灵活。该省本地有200～300家这样的研发机构，产研院第一批选了20多家加盟。

据介绍，目前（2019年）产研院设有专业研究所42家，其中19家为新建的研究所，由引进高层次人才团队与产研院、地方政府（园区）共建；23家为加盟的研究所，一般建于省产研院成立之前，由高校、科研院所与地方政府（园区）共建。研究所涉及的行业分别是装备制造、家生物医药、先进材料、信息技术、能源环保。

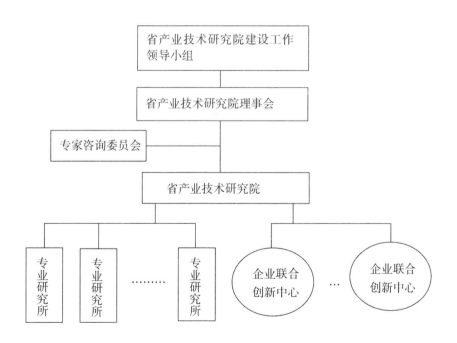

图4-3 Z省产业技术研究院组织架构简图

（3）企业联合创新中心

企业联合创新中心（产业技术创新中心）是产研院与细分行业龙头企业合作成立的"智库"，目前（2019年）已经与省内多家大企业建立了7个中心。中心只是开展战略研究，本身不开展技术研发工作。中心通过征集和提炼企业愿意出资解决的行业关键技术需求，对接全球创新资源寻找解决方案。

产研院在旧金山、洛杉矶、多伦多、波士顿、伦敦等城市建立了8个海外代表处；又与哈佛、伯克利、牛津、德国弗朗霍夫等35所国际知名高校、研发机构和公司签署战略合作协议。产研院为每个战略伙伴建立专项资金，支持其科研成果来该省落地转化。

未来3~5年，产研院将建立起有60家专业研究所、60家企业联合创新中心、60家海外战略合作机构的产业技术研发创新体系。

三、产研院的运行机制

产研院总院运行经费主要来源于省财政事业费、竞争性项目经费、技术成果收益和社会捐赠。产研院建立健全科学高效运行机制，试行项目经理制，建立技术创新的激励机制和知识财产权分配激励机制。

产研院领导介绍说，在构成上，产研院由专业研究所、企业联合创新中心构成。各自都为独立法人，通过加盟或共建的方式成为产研院的一个部分。专业研究所通过技术转让（为企业提供新技术）、技术投资（创办高新技术企业）、技术服务（促进企业技术升级）等方式开展工作。产研院主要根据合同科研的绩效，计算每个专业研究所的经费支持额度。

（1）专业研究所的一所两制

专业研究所同时拥有在高校院所运行机制下开展高水平创新研究的研究人员和独立法人实体聘用的专职从事二次开发的研究人员，两类人员实行两种管理体制。体制内的科研人员在保留原单位身份和工资的同时，在研究所里还可以获得与贡献相匹配的收入。研究所开展公共研发和服务，将技术成果优惠转让给企业，不直接从事规模化的产品生产，不与企业争市场。如研发成果暂无企业接受时可派生企业，当派生企业形成一定规模时实行股权分离。

（2）新建研究所由研发团队控股

院领导介绍说，新建研究所由研发团队控股，践行了习近平总书记提出的"研发人员创新劳动同其利益收入对接"。由地方政府（园区）、产研院提供场所、设备和资金；由团队控股的轻资产的运营公司来运营，地方政府（园区）、产研院拥有一定的股份，要求团队也有现金入股。这些固定资产和资金的所有权归地方政府（园区）、产研院；公司的运营权和成果所有权、处置权和收益权归属运营公司；运营资金的增值部分按股权分配。

19 家新建研究所，合计投资达 43 亿以上（不包含建筑）；地方园区投资超过 90%，省产研院和团队投入约 10%。地方政府出"大钱"、持中股；产研院出"小钱"、持小股；研发团队出"零钱"，最高可持股 70%。新办法把机构的发展与科研人员的积极性捆绑起来，盘活了科技资源。

（3）合同科研管理机制

省产研院通过实行合同科研管理机制，引导研究所加快技术与市场对接的步伐，突破以往财政对研究所的支持方式，不再按项目分配固定的科研经费，而是根据研究所服务企业的科研绩效决定支持经费，从而发挥市场在创新资源配置中的决定性作用。科研绩效由合同科研绩效、纵向科研绩效、衍生孵化企业绩效等方面进行综合计算。据介绍，合同科研和孵化企业被当作考核研究所的"硬杠杠"，不合格就淘汰。

（4）股权激励机制

作为独立法人的专业研究所拥有科技成果的所有权和处置权，鼓励研究所让科技人员通过股权收益、期权确定等方式更多地享有技术升值的收益，实现研发人员创新劳动同其利益收入的对接，大大调动了科研人员的积极性和主动性。

（5）注重建立新机制，加盟研究所可改制

产研院的创办理念是"不仅是建立新机构，而且是建立新机制"。新建研究所采取新机制，加盟的研究所也可采取新机制。

数字制造装备与技术研究所，曾是一所以工科为主的985高校与该省某市2012年合作成立的事业性质科研机构，2015年加盟产研院，改制为研发团队持股60%的混合所有制公司后，资金分配由过去"谁的职位高、头衔大，谁分钱多"变为"谁的项目前景好、能赚钱，谁分钱多"，利润分配由过去"靠领衔专家影响力搞平衡"变为"按工作实绩论多少"。改制两年，合同科研到账收入由1000万元增加到4000万元。

（6）公益法人、省产研院有限公司和研发投资基金"三位一体"

产研院探索将"研发"作为产业来打造、将"技术"作为商品来推销的新模式，大力推动关键技术的研发和转化。产研院以市场化的手段推进产业技术研发和转化，探索公益法人、省产研院有限公司和研发投资基金"三位一体"的新型研发机构建设与运行机制。成立省产研院有限公司，只专注于推进产业技术的研发，不直接从事产品的生产。这样一是有利于省产研院加快探索技术研发的市场化机制，建立将"研发"作为产业、将"技术"作为商品的发展模式。二是作为吸引各类创新资源的"强磁场"，引进国际一流创新成果和人才是省产研院的迫切需要。成立省产研院有限公司，有利于高效便捷地设立海外平台，更快更好地集聚海外创新资源。三是有利于加强总院与专业研究所的联系和协调。省产研院有限公司通过投资参股已有研究所或投资共同建设新研究所，可通过资本纽带加强与优质研究所之间的联系，有利于产业技术研发在省级层面的总体规划和资源整合。四是有利于以专业研究所为核心、以"技术研发＋专业孵化"为路径，培育具有自主核心技术的企业和专业园区。五是有利于省产研院通过基金等引导手段，培育企业、推进产业落地生根。

四、产研院的人才集聚机制

（1）项目经理

"项目经理"制是省产研院借鉴美国 DARPA 的项目管理经验等国外做法，对重大科技项目组织实施模式的一种创新。围绕产业需求，以市场化方式和国际化视野，面向全球招聘一流领军人才担任项目经理，并赋予其组织研发团队、提出研发课题、决定经费分配的权力，组织开展产业技术发展战略研究、集聚一流人才和顶尖技术、筹建专业研究所或研发公司、组织实施产业重大原创性项目集，实现重大科技项目组织实施模式的创新。

院领导介绍说，产研院在全球范围内选聘一流领军人才，担任项目经理，筹集专业研究所。项目经理在前期要开展产业技术需求调研，然后在全球整合资源、组建团队，再组织论证研发方向和科研项目，再进一步完善研究所建设方案，最后与地方园区对接落地。这样，项目经理筹集研究所的时间一般不会少于一年。产研院为每位项目经理团队提供筹集期工作经费和服务支持。产研院一般通过路演形式向全省园区推介项目经理团队。

为了支持项目经理团队把引领性、前瞻性、颠覆性的技术创新项目吸引落户到该省，产研院的财政研发资金支持采取"拨投结合"方式，即先以科技项目立项支持，项目社会化融资时转为投资。这解决了创业早期难估值和研发资金需求难确定的问题。产研院帮助团队克服项目早期融资的市场失灵，由产研院承担早期研发风险；并且保障团队在项目早期研发与运营的主导权。

截至目前（2019 年 2 月），产研院累计聘请了 80 多位项目经理，项目经理吸引了 800 多位高层次人才，外籍专家 150 人左右，外籍院士 30 人左右。

（2）研究员引进计划

聘请拥有先进创新成果、掌握一流技术、具有较强研发能力的人才，全职在专业研究所开展研发和成果转移转化工作。

研发类的研究员，支持 500 万元左右；青年研究员，支持 200 万元左右。管理类的研究员，支持 100 万元左右；青年研究员，支持 50 万元左右。目前已经累计引进 60 人左右。

前几年，国家领导人视察该产业技术研究院时指出，"要加快科技体制改革步伐，强化科技同经济对接、创新成果同产业对接、创新项目同现实生产力对接、研发人员创新劳动同其利益收入对接，形成有利于出创新成果、有利于创新成果产业化的新机制。"产研院领导介绍说，产研院希望通过体制机制创新，集聚优秀人才，打造一流的研发平台，建设一流的研发队伍，进一步探索有效的激励机制，建立开放的合作模式。希望产研院成为全球重大原创成果和创新创业天才的聚集地，成为衍生企业、孵化企业、服务企业的产业技术输出地。

第五章

人才是创新的第一资源

在 2016 年全国科技创新大会、两院院士大会、中国科协第九次全国代表大会上，习近平总书记在讲话中 25 次提及"人才"概念，指出"要建设世界科技强国，关键是要建设一支规模宏大、结构合理、素质优良的创新人才队伍……科技人才培育和成长有其规律，要大兴识才爱才敬才用才之风。"十九大报告提出，培养造就一大批具有国际水平的战略科技人才、科技领军人才、青年科技人才和高水平创新团队。

第一节　聚天下英才而用之

一、坚持党管人才，加快建设人才强国

人才是第一资源。十八大以来，我党高度重视人才工作，坚持党管人才原则，加快建设人才强国。习近平在 2013 年 6 月召开的全国组织工作会议上语重心长地说："我们要树立强烈的人才意识，寻觅人才求

贤若渴，发现人才如获至宝，举荐人才不拘一格，使用人才各尽其能。"

习近平2014年6月在中国科学院第十七次院士大会、中国工程院第十二次院士大会上说："我国科技队伍规模是世界上最大的，这是我们必须引以为豪的。但是，我们在科技队伍上也面对着严峻挑战，就是创新型科技人才结构性不足矛盾突出，世界级科技大师缺乏，领军人才、尖子人才不足，工程技术人才培养同生产和创新实践脱节。'一年之计，莫如树谷；十年之计，莫如树木；终身之计，莫如树人。'我们要把人才资源开发放在科技创新最优先的位置。"

2016年4月19日，习近平在网络安全和信息化工作座谈会指出，"我国是科技人才资源最多的国家之一，但也是人才流失比较严重的国家，其中不乏顶尖人才。在人才选拔上要有全球视野，下大气力引进高端人才。随着我国综合国力不断增强，有很多国家的人才也希望来我国发展。我们要顺势而为，改革人才引进各项配套制度，构建具有全球竞争力的人才制度体系。不管是哪个国家、哪个地区的，只要是优秀人才，都可以为我所用。这项工作，有些企业、科研院所已经做了，我到一些企业、科研院所去，也同这些从国外引进的人才进行过交谈。这方面要加大力度，不断提高我们在全球配置人才资源能力。"

十九大报告有专门段落论述了人才工作的重要性：坚持党管人才。人才是实现民族振兴、赢得国际竞争主动的战略资源。要坚持党管人才原则，聚天下英才而用之，加快建设人才强国。实行更加积极、更加开放、更加有效的人才政策，以识才的慧眼、爱才的诚意、用才的胆识、容才的雅量、聚才的良方，把党内和党外、国内和国外各方面优秀人才集聚到党和人民的伟大奋斗中来，鼓励引导人才向边远贫困地区、边疆民族地区、革命老区和基层一线流动，努力形成人人渴望成才、人人努力成才、人人皆可成才、人人尽展其才的良好局面，让各类人才的创造活力竞相迸发、聪明才智充分涌流。

二、科技人才队伍建设成绩显著

党和政府长期关注关心科技人才队伍的建设。2006 年我国《国家中长期科技发展规划纲要（2006—2020）》提出，要把创造良好环境和条件，培养和凝聚各类科技人才特别是优秀拔尖人才，充分调动广大科技人员的积极性和创造性，作为科技工作的首要任务，努力开创人才辈出、人尽其才、才尽其用的良好局面，努力建设一支与经济社会发展和国防建设相适应的规模宏大、结构合理的高素质科技人才队伍，为我国科学技术发展提供充分的人才支撑和智力保证。该纲要颁布后，我国先后实施了海外人才引进计划、创新人才推进计划、长江学者计划、中科院百人计划、国家杰出青年科学基金等一系列科技人才计划与工程，一批具有国际影响力的高端创新人才涌现出来。特别是十八大以来，我国科技人才队伍迅速壮大，科技人才结构和布局不断优化。

国家科技部统计，目前科技人力资源总量和研究与发展（R&D）人员总量分别超过 7100 万和 535 万（2016 年年底数据），均跃居世界第一位；企业 R&D 人员占全部 R&D 人员全时当量的 78.1%，已成为我国 R&D 活动的主体；近 5 年回国人才超过 110 万，是前 30 年回国人数的 3 倍。另外，青年科技人才成为科研主力军和生力军，科技创业人才队伍规模不断扩大；科技人才的区域布局趋向合理，中西部地区科技人才总量有较大增长。科技人才的创新能力表现不俗，到 2016 年发表在各学科最具影响力国际期刊上的论文数量连续六年居世界第 2 位，高被引国际论文数量排在世界第 3 位，国内专利申请量和授权量分别居世界第 1 和第 2。另据美国国家科学基金会（NSF）发布的报告《2018 年科学和工程指标报告》，中国首次超过美国，成为世界上发表科研论文最多的国家。从 2016 年各国发表的科研论文数量来看，中国以约 43 万篇的成绩占据榜首；美国次之，约 41 万篇；其次是印度、德国、英国和日本。2017 年，日本文部科学省的研究机构称，2013 年至 2015 年的年平均发表论文数量最多的是美国，其次是中国和德国，日本则位居第 4。

国家科技部发布的有关文件指出，我国科技人才发展仍存在以下问题：一是高端人才相对缺乏，科学前沿领域高水平人才、高端研发人才和高技能人才存在较大的供应缺口；二是科研机构选人用人自主权不够，"以人为本"的科技人才评价激励机制亟待完善；三是科技人才投入整体不足，且在行业、领域、区域间的配置不均衡；四是科技人才流动渠道不够畅通，在产学研之间的流动存在制度性障碍；五是有利于科技人才成长的政策环境和保障机制建设尚待加强。

三、鼓励和支持留学人员更好地发挥作用

2013 年 10 月，习近平总书记在欧美同学会成立 100 周年庆祝大会上的讲话中指出，党和国家将按照支持留学、鼓励回国、来去自由、发挥作用的方针，把做好留学人员的工作作为实施科教兴国战略和人才强国战略的重要任务，以更大力度推进国家人才引进计划，千方百计创造

条件，使留学人员回到祖国有用武之地，留在国外有报国之门。1985
年，我国制定了"支持留学，鼓励回国，来去自由"的留学工作方针。
习近平总书记2013年10月的这次讲话中增加"发挥作用"四个字，为
出国留学工作方针画龙点睛。十六字方针准确把握新时期留学工作的新
问题、新矛盾、新趋势，将工作重点放在提升留学的社会效益上。从留
学工作来看，作用能否发挥好，关键在于政策设计、资源配置、绩效评
估等是否有助于提供给留学人员大展宏图的环境。

　　留学人员是我国深入实施创新驱动发展战略、科教兴国战略、人才
强国战略的重要力量。要完善法律法规，创新体制机制，优化环境氛
围，搭建平台舞台，鼓励留学人员回国工作或者以多种形式为国服务，
让他们回到祖国有用武之地，留在国外有报国之门，成为大众创业、万
众创新的生力军。截至2016年年底，我国留学回国人员总数达265.11
万人，其中，70%均为党的十八大以来回国的，新中国成立以来最大规
模留学人才"归国潮"正在形成。

四、更为开放的全球引才聚才政策

　　资料显示，半个多世纪以来，发达国家遍享"移民红利"。国际移
民对移入国的经济贡献非常突出。20世纪90年代，移民对新加坡GDP
增长的贡献率一度超过40%。在美国，移民已成为科技创新的重要力
量，其获得的创新专利量占据了总量的1/3。在美国的7大顶级癌症研
究中心，42%的研究人员出生于外国。移民创业发挥了经济加速器和科
技加速器的双重作用。在美国，移民创建了占总量1/4的高科技公司。
美国市值前50名的上市公司中，有近一半是移民创建或共同创建的。

在硅谷，36.4%的人口出生于国外，1/3的初创企业是印度裔美国人创立的。据英国《英中时报》报道，每7家英国企业中就有1家属于移民企业家。来自155个国家的海外移民在英国创办了企业，创业者人数接近50万。①

多年前，新加坡资政李光耀曾说："中国是从13亿人中挑选人才，而美国是从70亿人中挑选人才。"这是因为我们以前在选拔人才、特别是创新人才方面，视野不够宽、站位不够高，今后必须改变这一现状。要站在世界之巅开发创新人才，完善创新人才的引进机制。不管是黄皮肤、白皮肤还是黑皮肤，只要是我们需要的创新人才，应尽可能想办法为我所用。

党的十八大以来，习近平总书记从治国理政的基本规律、时代发展的基本趋势、伟大中国梦的实现以及改革开放事业深入推进等高度，对引进国外人才和智力工作进行了一系列重要论述，全面、系统、深刻阐述了引进国外人才和智力的意义地位、方针原则和工作方向等重大理论和现实问题。总书记的讲话气势恢宏、立意深远，是新时代的求贤令，是新时代做好国外人才和智力引进工作的基本指针。人才是实现伟大中国梦的根本支撑，总书记特别重视人才，包括国内人才和国外人才，他明确指出："中国古人讲，'尚贤者，政之本'、'为政之要，莫先于用人'。当今世界聚才、用才，应该包括国际国内两方面的人才，也就是要'择天下英才而用之'。一个国家、一个地方，没有这样的眼光，没

---

①　转载自王辉耀、苗绿.2015中国国际移民报告［J］.光明日报，2015-04-08（第16版）.

有这样的胸怀，是很难快速的发展起来的。"

习近平总书记高度评价在现代化建设中外国专家的历史贡献，在2012年12月与外国专家座谈时他就曾明确指出："中国改革开放事业所取得的巨大成就，外国专家们功不可没，欢迎外国专家和优秀人才以各种方式参与中国的现代化建设。"在2014年5月22日的外国专家座谈会上，他再次指出："我们在大力培养国内创新人才的同时，将更加积极、更加主动、更加开放地引进国外人才，特别是高层次创业创新的人才。为转变经济发展方式、实现创新驱动发展战略、保障改善民生提供强大的人才智力支撑。"

习近平强调："外国专家主管部门要继续完善外国人才引进体制机制，切实保护知识产权，保障外国人才合法权益，对作出突出贡献的外国人才给予表彰奖励，让有志于来华发展的外国人才来得了、待得住、用得好、流得动。要遵循国际人才流动规律，更好发挥企业、高校、科研机构等用人单位的主体作用，使外国人才的专长和中国发展的需要紧密契合，为外国专家施展才能、实现事业梦想提供更加广阔的舞台。"

2015年3月，中共中央、国务院颁布的《关于深化体制机制改革加快实施创新驱动发展战略的若干意见》指出要探索建立技术移民制度，吸引海外高层次人才。2016年中央颁布的《关于深化人才发展体制机制改革的意见》指出："实行更积极、更开放、更有效的人才引进政策，更大力度实施海外高层次人才引进计划，敞开大门，不拘一格，柔性汇聚全球人才资源。对国家急需紧缺的特殊人才，开辟专门渠道，实行特殊政策，实现精准引进。支持地方、部门和用人单位设立引才项目，加强动态管理。"这进一步增强人才政策开放度，敞开大门招四方之才，彰显我国面向全球引才聚才的博大胸怀。

2013 年，出境入境管理办法及配套法规中专设人才签证类别并正式启用。2015 年 6 月，公安部根据《外国人在中国永久居留审批管理办法》的有关规定，扩大申请在华永久居留（中国"绿卡"）外国人工作单位范围，新增国家实验室、国家重点实验室等 7 类用人单位。2016 年 2 月，中共中央办公厅、国务院办公厅印发了《关于加强外国人永久居留服务管理的意见》，对外国人永久居留服务管理制度进行全面改革和创新，对外国人来华放宽条件、简化程序，永久居留身份证数量持续上升，其中 2016 年办理 1576 外国人（大部分为科技人才），较上一年度增长 163%。党的十八大以来，在国家人才计划引领的带动下，境外来华专家规模不断扩大。数据显示，来华专家已由 2011 年的 52.9 万人次增加到 2016 年的 60 余万人次，年均增长 5% 以上。中国特色人才制度的优势进一步彰显，"天下英才纷至沓来、源头活水驱动创新"的愿景正逐渐演变为现实。

2018 年 5 月 22 日，科技部在其官方网站发布了《科技部关于推进外籍科学家深入参与国家科技计划的指导意见》，就推进外籍科学家深入参与国家科技计划战略咨询、项目管理、研究开发、验收评价等相关工作提出意见，以探索科技开放合作新模式、新路径、新机制，积极融入和主动布局全球创新网络，集聚全球创新人才实施国家重大研发任务，促进科技资源双向流动，合作共赢，全方位提升科技创新国际化水平，支撑现代化经济体系建设，加快建设世界科技强国。

五、新时代对一流大学的人才培养工作提出新要求

习近平总书记2018年5月在北京大学师生座谈会上指出，"人才培养是育人和育才相统一的过程，大学是立德树人、培养人才的地方，是青年人学习知识、增长才干、放飞梦想的地方。""希望广大青年珍惜大好学习时光，求真学问，练真本领，更好为国争光、为民造福。学到的东西，不能停留在书本上，不能只装在脑袋里，而应该落实到行动上，做到知行合一、以知促行、以行求知，正所谓'知者行之始，行者知之成'。"

北京大学、清华大学等一流大学集聚了我国最为优秀的青年学子。习近平指出，培养社会主义建设者和接班人，是我们党的教育方针，是我国各级各类学校的共同使命。大学对青年成长成才发挥着重要作用。高校只有抓住培养社会主义建设者和接班人这个根本才能办好，才能办出中国特色世界一流大学。为此，有3项基础性工作要抓好。第一，坚持办学正确政治方向。第二，建设高素质教师队伍。第三，形成高水平人才培养体系。

习近平总书记指出，目前，我国大学硬件条件都有很大改善，有的学校的硬件同世界一流大学相比没有太大差别了，关键是要形成更高水平的人才培养体系。人才培养体系必须立足于培养什么人、怎样培养人这个根本问题来建设，可以借鉴国外有益做法，但必须扎根中国大地办大学。

人才培养体系涉及学科体系、教学体系、教材体系、管理体系等，而贯通其中的是思想政治工作体系。加强党的领导和党的建设，加强思

想政治工作体系建设，是形成高水平人才培养体系的重要内容。要坚持党对高校的领导，坚持社会主义办学方向，把我们的特色和优势有效转化为培养社会主义建设者和接班人的能力。

当今世界，科学技术迅猛发展。大学要瞄准世界科技前沿，加强对关键共性技术、前沿引领技术、现代工程技术、颠覆性技术的攻关创新。要下大气力组建交叉学科群和强有力的科技攻关团队，加强学科之间协同创新，加强对原创性、系统性、引领性研究的支持。要培养造就一大批具有国际水平的战略科技人才、科技领军人才、青年科技人才和高水平创新团队，力争实现前瞻性基础研究、引领性原创成果的重大突破。

第二节　优化学术环境

一、环境好，人才聚、事业兴

良好的学术环境是培养优秀科技人才、激发科技工作者创新活力的重要基础。习近平总书记十分重视创新人才和学术环境建设，明确指出，"千秋基业，人才为先""人是科技创新最关键的因素"，强调"环境好，则人才聚、事业兴；环境不好，则人才散、事业衰"。创新成果的产生需要活跃的学术思想，思想的活跃有赖于优良的学术环境、宽松的学术氛围。尽管这些年来，我国科技体制改革和科技创新取得了重要成就，但学术环境不优仍是制约科学家创造活力、阻碍我国创新能力提升的突出问题。因此，优化学术环境是激发释放科技人员创新活力、提升创新能力的关键一招。

美国科学院院士谢宇指出，因为科学进步对经济增长有明显的推动作用，所以世界各国都将科技投入作为一项国家战略。中国的研发经费增速惊人，高等教育也在普及，科技人员的规模迅速扩大。设备完善的科学实验室越来越多，中美两国科学家的收入差距在缩小。中国一流的研究机构和大学已经能提供总体上相当于美国较好的研究型大学的待遇和科研条件。此外，中国还积极争取引进国外优秀人才，特别是海外华人科学家，尤其是那些在美国的科学工作者。因此中国科学与美国的差距确实在缩小。但是，谢宇认为，中国现在有钱、有人才，但缺乏创新的文化土壤。中国文化强调下级服从上级、晚辈听从长辈、尊重权威。这样的文化更倾向于做重复劳动或者是扩大规模性质的工作，你做十，我做一百、一千，这不是创新。①

近年来，我国学术环境不断改善，为推动产出重大创新成果，促进经济社会发展发挥了积极作用。但目前我国支持创新的学术氛围还不够浓厚，仍然存在科学研究自律规范不足、学术不端行为时有发生、学术活动受外部干预过多、学术评价体系和导向机制不完善等问题。为进一步优化学术环境，更好地调动广大科技工作者的积极性，深入实施创新驱动发展战略，推动大众创业万众创新，国务院办公厅于 2016 年 1 月公布了《关于优化学术环境的指导意见》（国办发〔2015〕94 号）。

_____

① 马国川，谢宇. 美国科学在衰退吗？［J］. 财经，2018（9）总第 526 期，2018 - 04 - 30.

《意见》提出了五项任务，前四项分别是：（1）优化科研管理环境，落实扩大科研机构自主权。（2）优化宏观政策环境，减少对科研创新和学术活动的直接干预。（3）优化学术民主环境，营造浓厚学术氛围。（4）优化学术诚信环境，树立良好学风。

《意见》的最后第五项任务"优化人才成长环境，促进优秀科研人才脱颖而出"显然是前四项任务的"集成"，以大量篇幅提到促进青年科技人才成长的措施。这原因在于：一是青年科技人员目前在科技工作者总数中占有比例比较大。1997年高等教育扩招以来，科研机构的人才年龄结构发生了巨大的变化。根据调研，目前大多数科研机构的人才结构偏向年轻化，不少科研机构35岁以下的年轻人比例已经超过70%。二是青年阶段是科技人员发挥创造力的黄金时期。国内外的研究均表明，30~40岁是科技人员精力最为丰富、创造力最为活跃的阶段，也是出成果的关键阶段。现实问题是青年科技人员在创新最活跃时期恰恰难以获得成长的资源和机会。比如，青年科技人员在获得项目、奖励，参加学术活动等方面都处于劣势。同年龄段人才相对集中，又容易出现"堰塞湖效应"，成长出口狭窄等。因此，《意见》特别提出了针对青年人才的相关措施。从全国优秀青年科学家、青年科学基金到国家人才引进计划青年项目，形成系列性、面广类多的有利于青年人才涌现和成长的政策举措，为青年人脱颖而出创造更好的学术环境。

《关于优化学术环境的指导意见》的发布，有助于更好地发挥年轻人的聪明才智和创新能力，有助于杰出人才的脱颖而出。当前，在学术活动和职称评审中，论资排辈的现象在个别学术机构仍然存在，不敢或不想完全让年轻人负责更多的科研任务。该意见指出，"坚决破除论资排辈、求全责备等传统人才观念，以更广阔的视野选拔人才、不拘一格使用人才，创造人尽其才、才尽其用、优秀人才脱颖而出的人才成长环境。"只要是坚持真理的科技工作者，即便是有个性和不同见解，也应该予以包容。追求真理，不随波逐流，不追赶时髦，是一个人取得突破性创新的重要条件。只有给予这样的科学家一个宽松、宽容的环境，才能突破传统的束缚。

二、探索建立公正公平的人才评价机制

习近平总书记强调，要完善好人才评价指挥棒作用，为人才发挥作用、施展才华提供更加广阔的天地。如何评价人才？学识渊博，堪当大任者自然是人才。在习近平总书记眼中，那些身怀绝技，术业有专攻的"奇才""偏才"和"怪才"同样是人才。他在 2016 年网络安全和信息化工作座谈会上讲话指出："互联网领域的人才，不少是怪才、奇才，他们往往不走一般套路，有很多奇思妙想。"如何让"奇才""怪才"在争流的百舸中一展所长？习近平要求："对待特殊人才要有特殊政策，不要求全责备，不要论资排辈，不要都用一把尺子衡量。"习近平总书记的讲话反映出我党"不拘一格，善用人才"的人才发展观。

（一）分类推进人才评价机制改革

2018 年 2 月，中办、国办印发了《关于分类推进人才评价机制改革的指导意见》（以下简称《意见》）。当前，人才评价机制还存在分类评价不足、评价标准单一、评价手段趋同、评价社会化程度不高、用人主体自主权落实不够等问题，存在对不同类型人才"一把尺子量到底"和重学历轻能力、重资历轻业绩、重论文轻贡献、重数量轻质量等问

题，对一线创新创业人才正向激励作用不足，甚至引发科研诚信、弄虚作假、学术腐败等突出问题。为科学客观公正评价人才，《意见》按照"干什么、评什么"的原则，提出三项重点改革举措。一是实行分类评价。二是突出品德评价。三是注重凭能力、业绩和贡献评价人才。克服唯学历、唯资历、唯论文等倾向，合理设置和使用论文等评价指标，解决评价标准"一刀切"问题。

《关于分类推进人才评价机制改革的指导意见》有较长的篇幅专门讨论"改革科技人才评价制度"，指出，要围绕建设创新型国家和世界科技强国目标，结合科技体制改革，建立健全以科研诚信为基础，以创新能力、质量、贡献、绩效为导向的科技人才评价体系。对主要从事基础研究的人才，着重评价其提出和解决重大科学问题的原创能力、成果的科学价值、学术水平和影响等。对主要从事应用研究和技术开发的人才，着重评价其技术创新与集成能力、取得的自主知识产权和重大技术突破、成果转化、对产业发展的实际贡献等。对从事社会公益研究、科技管理服务和实验技术的人才，重在评价考核工作绩效，引导其提高服务水平和技术支持能力。实行代表性成果评价，突出评价研究成果质量、原创价值和对经济社会发展实际贡献。改变片面将论文、专利、项目、经费数量等与科技人才评价直接挂钩的做法，建立并实施有利于科技人才潜心研究和创新的评价制度。注重个人评价与团队评价相结合。适应科技协同创新和跨学科、跨领域发展等特点，进一步完善科技创新团队评价办法，实行以合作解决重大科技问题为重点的整体性评价。对创新团队负责人以把握研究发展方向、学术造诣水平、组织协调和团队建设等为评价重点。尊重认可团队所有参与者的实际贡献，杜绝无实质贡献的虚假挂名。

《关于分类推进人才评价机制改革的指导意见》提出，要尊重用人单位主导作用，合理界定和下放人才评价权限，推动具备条件的高校、科研院所等企事业单位自主开展评价工作。其中，"合理界定和下放人才评价权限"这一事项非常重要。部分高校过度下放人才评价的权限带来许多弊端，也暴露了学术界极个别人士玩弄权术的阴暗面。为此，教育部、人力资源社会保障部联合下发《高校教师职称评审监管暂行办法》（教师〔2017〕12号）明确指出，"高校副教授、教授评审权不应下放至院（系）一级""校级评审委员会要认真履行评审的主体责任"。国内若干所大学及时调整了人才评价的体制机制。

（二）《关于深化项目评审、人才评价、机构评估改革的意见》的"人才评价"内容

2018年7月3日，新华社公布了中共中央办公厅、国务院办公厅印发的《关于深化项目评审、人才评价、机构评估改革的意见》全文。其中，关于"改进科技人才评价方式"的内容提出了五点意见，分别是：

（1）统筹科技人才计划。加强部门、地方的协调，建立人才项目申报查重及处理机制，防止人才申报违规行为，避免多个类似人才项目同时支持同一人才。指导部门、地方针对不同支持对象科学设置科技人才计划，优化人才计划结构。

（2）科学设立人才评价指标。突出品德、能力、业绩导向，克服唯论文、唯职称、唯学历、唯奖项倾向，推行代表作评价制度，注重标志性成果的质量、贡献、影响。

（3）树立正确的人才评价使用导向。坚持正确价值导向，不把人才荣誉性称号作为承担各类国家科技计划项目、获得国家科技奖励、职称评定、岗位聘用、薪酬待遇确定的限制性条件。鼓励人才合理流动，引导人才良性竞争和有序流动，探索人才共享机制。中西部、东北老工业基地及欠发达地区的科研人员因政策倾斜因素获得的国家级人才称号、人才项目等支持，在支持周期内原则上不得跟随人员向东部、发达地区流转。

（4）强化用人单位人才评价主体地位。坚持评用结合，支持用人单位健全科技人才评价组织管理，根据单位实际建立人才分类评价指标体系，突出岗位履职评价，完善内部监督机制，使人才发展与单位使命协调统一。

（5）加大对优秀人才和团队的稳定支持力度。国家实验室等的全职科研人员及团队不参与申请除国家人才计划之外的竞争性科研经费，由中央财政给予中长期目标导向的持续稳定经费支持。推动中央部委所属高校、科研院所完善基本科研业务费的内部管理机制，切实加强对青年科研人员的倾斜支持。

第三节　以增加知识价值为导向的分配政策

习近平总书记2015年3月在参加十二届全国人大三次会议上海代表团审议时说："人才是创新的根基，创新驱动实质上是人才驱动，谁拥有一流的创新人才，谁就拥有了科技创新的优势和主导权。引进一批人才，有时就能盘活一个企业，甚至撬动一个产业。要择天下英才而用之。上海人才基础是好的，但要实施更加积极的创新人才引进政策，集聚一批站在行业科技前沿、具有国际视野和能力的领军人才。要建立更为灵活的人才管理机制，强化分配激励，让科技人员和创新人才得到合理回报，通过科技创新创造价值，实现财富和事业双丰收。"

一、实行以增加知识价值为导向的分配政策

2016年11月中办、国办颁布《关于实行以增加知识价值为导向分配政策的若干意见》，针对我国科研人员的实际贡献与收入分配不完全匹配的问题，提出了明确分配导向完善分配机制的7方面，21条的改革部署。意见指出，实行以增加知识价值为导向的分配政策，旨在充分发挥收入分配政策的激励导向作用，激发广大科研人员的积极性、主动性和创造性，鼓励多出成果、快出成果、出好成果，推动科技成果加快向现实生产力转化。

《关于实行以增加知识价值为导向分配政策的若干意见》是中央在收入分配调节方面的重要文件。它的基本思路是发挥市场机制的作用，构建基本工资、绩效工资和科技成果转化性收入的三元的薪酬体系，使科研人员的收入与岗位的责任、工作的业绩和实际的贡献紧密联系，在具体的措施上突出了推动形成体现知识价值的收入分配机制，扩大高校、科研院所在收入分配上的自主权，发挥科研资金、项目资金的激励引导作用，加强科技成果产权对科技人员的长期激励作用，允许科研人员依法依规适度的兼职兼薪。

《关于实行以增加知识价值为导向分配政策的若干意见》明确了

"允许科研人员从事兼职工作获得合法收入",指出"科研人员在履行好岗位职责、完成本职工作的前提下,经所在单位同意,可以到企业和其他科研机构、高校、社会组织等兼职并取得合法报酬""经所在单位批准,科研人员可以离岗从事科技成果转化等创新创业活动。兼职或离岗创业收入不受本单位绩效工资总量限制,个人须如实将兼职收入报单位备案,按有关规定缴纳个人所得税。"

二、赋予创新领军人才更大人财物支配权

扩大高校和科研院所自主权、赋予创新领军人才更大人财物支配权技术路线决策权,是党的十八届五中全会提出的一项改革任务,由科技部等七部门共同承担。2017 年年初,七部门联合印发,《关于开展"扩大高校和科研院所自主权、赋予创新领军人才更大人财物支配权技术路线决策权"试点工作的通知》(国科办政〔2017〕15 号)的试点工作方案。经主管部门推荐、七部门共同研究,决定在 44 家中央级高校和科研院所开展试点。通过落实和扩大试点单位在科研项目经费、成果转化、机构编制、干部人事、薪酬分配等方面的自主权,激发高校、科研院所和科技人员的积极性,支撑世界一流高校和科研院所建设。

2018 年 7 月 4 日,国务院总理李克强主持召开国务院常务会议,确定进一步扩大科研人员自主权的措施,更大地释放创新活力。会议指出,要落实习近平总书记在两院院士大会上的重要讲话精神,按照党中央、国务院部署,深化科技领域"放管服"改革,按照能放尽放的要求赋予科研人员更大的人财物自主支配权,充分调动他们的积极性,激发创新活力,壮大经济发展新动能。会议指出,对承担关键领域核心技

术攻关任务的科研人员加大薪酬激励，对全时全职的团队负责人及引进的高端人才实行年薪制，相应增加当年绩效工资总量。

国务院办公厅于 2019 年 1 月 3 日发布的《国务院办公厅关于抓好赋予科研机构和人员更大自主权有关文件贯彻落实工作的通知》（国办发〔2018〕127 号）① 专门指出："党中央、国务院高度重视激发科研人员创新积极性。近年来，党中央、国务院聚焦完善科研管理、提升科研绩效、推进成果转化、优化分配机制等方面，先后制定出台了一系列政策文件，在赋予科研单位和科研人员自主权等方面取得了显著效果，受到广大科技工作者的拥护和欢迎。但在有关政策落实过程中还不同程度存在各类问题，有的部门、地方以及科研单位没有及时修订本部门、本地方和本单位的科研管理相关制度规定，仍然按照老办法来操作；有的经费调剂使用、仪器设备采购等仍然由相关机构管理，没有落实到项目承担单位；科技成果转化、薪酬激励、人员流动还受到相关规定的约束等。这些问题制约了政策效果，影响了科研人员的积极性主动性。"

该文件提出："对党中央、国务院已经出台的赋予科研单位和科研人员自主权的有关政策，各地区、各部门和各单位都要制定具体的实施办法，对现行的科研项目、科研资金、科研人员以及因公临时出国等管理办法进行修订，对与新出台政策精神不符的规定要进行清理和修改。"

为深入实施创新驱动发展战略，实行以增加知识价值为导向分配

---

① 《国务院办公厅关于抓好赋予科研机构和人员更大自主权有关文件贯彻落实工作的通知》（国办发〔2018〕127 号）http：//www. gov. cn/zhengce/content/2019 – 01/03/content_ 5354526. htm

政策，构建充满活力的人才激励机制，进一步支持事业单位创新发展，浙江、重庆等地通过新一轮的事业单位绩效工资制度改革，完善收入分配的激励机制，有利于体现按劳分配原则，激发事业单位职工干事创业的积极性。第六章我们专门探讨科研事业单位绩效评价与绩效工资改革。

第六章

科研事业单位绩效评价与绩效工资改革

　　科研事业单位绩效评价与绩效工资改革是有难度且较敏感的科技体制机制改革课题。特别是绩效工资平均水平及总量的双限制，已经影响到科研事业单位员工的积极性，最终导致技术供给侧的水平落后。社会各界都呼吁，在核定事业单位绩效工资总量时，要充分考虑事业单位高层次人才聚集情况。对高层次人才集中、知识技术密集、国家战略发展重点扶持、承担重大工作任务的单位给予倾斜，允许其突破一般事业单位绩效工资调控水平，适当提高绩效工资总量。但是，改革倡导与各地的实际工作有可能相对脱节，例如，绩效评价结果较少应用、单位事业发展与绩效工资总量增长联系不太紧密，平均主义在一定范围内还是较为普遍的存在。这些实际情况使得改革实践、相关的学术研究都难以深入，相对深入研究的学术文献也就较少。

第一节　优化科研事业单位绩效评价的新政策

一、关于科研事业单位绩效评价

为深入贯彻党的十九大关于"加快建设创新型国家""建立全面规范透明、标准科学、约束有力的预算制度，全面实施绩效管理"的部署要求，推动中央级科研事业单位深化管理方式改革、优化评价机制、激发创新活力，科技部、财政部、人力资源社会保障部 2017 年 11 月发布了《中央级科研事业单位绩效评价暂行办法》。

办法将中央级科研事业单位分为基础前沿研究、公益性研究、应用技术研发等三类进行评价。对三类科研事业单位的绩效评价，在绩效目标设定、评价指标选择、评价方法运用等方面均体现各自类别特点，评价过程中不以论文作为唯一标准。从事基础前沿研究的科研事业单位，绩效评价应突出研究质量、原创价值和实际贡献等；从事公益性研究的科研事业单位，绩效评价应突出实现国家目标和履行社会责任等；从事应用技术研发的科研事业单位，绩效评价应突出成果转化、技术转移和经济社会影响等。

该暂行办法提出的评价指标体系由三级指标构成，一、二级指标为共性指标，三级指标为分类指标。一级指标包括职责定位、科技产出和创新效益。二级指标包括（职责定位的）职责相符性、需求一致性、管理规范性；（科技产出的）绩效完成情况及效率；（创新效益的）创新能力、创新贡献。三级指标按照基础前沿研究、公益性研究和应用技术研发等不同单位类型，结合单位自身职责定位、科技创新特点，确定评价指标和权重。

该评价指标体系的设置是否科学合理，需要进一步探讨。例如，对于三类科研事业单位，一级指标"科技产出"的二级指标"绩效完成情况"下，都有一个三级指标"人才团队与条件平台建设"。"人才团队"（如领军人才、带头人和科研骨干）是属于"科技产出"吗？若"人才团队"作为产出指标，会不会强化"唯帽子"的现象？"团队建设""平台建设"是不是归属于另一个二级指标"管理的规范性"之下作为三级指标，更为合理些？

我们课题组近年还比较研究了发达国家的科研评价模式的变化，其评价指标体系转变为"学术价值+实际社会贡献"，更加强调科研对经济和社会发展的贡献。例如，荷兰科教界用于评价科研机构（包括高校的院系）的标准评价协议（Standard Evaluation Protocol）就是其中的一个代表。该评价协议的新版本（SEP 2015 – 2021）[①] 的评价指标分为6个指标，其中前3个为主要指标，要给出量化评分。

1. 研究质量

评估该科研机构的研究质量和研究对科学知识体系的贡献；还要评估该科研机构的研究成果（该机构发表的科学出版物、开发的仪器和基础设施，以及对科学的其他贡献）的规模。

---

① VSNU, KNAW and NWO. Standard Evaluation Protocol（SEP）2015 – 2021.［EB/OL］［2019 – 02 – 01］. https：//www. knaw. nl/en/news/publications/standard – evaluation – protocol – 2015 – 2013 – 2021.

2. 社会适切性

评估该科研机构为经济、社会或文化等特定目标群体所提供的服务、政策咨询报告、为社会公众舆论所做的贡献等方面的质量、规模和适切性。重点是评估该科研机构在事先所确定的目标领域中所做出的贡献。

3. 生命力

评估该科研机构在未来几年打算采取的战略，以及在该时间段内能在多大程度上实现其研究和社会服务的目标。同时，还要评估该科研机构管理层的治理和领导技能。

荷兰标准评价协议的新协议（SEP 2015 – 2021）的评价指标体系明确区分了学术性贡献（"研究质量"）和应用性贡献（"社会适切性"），并同等重视两类贡献。这也启示科研评价的基本内容就是要看学术机构的科研工作是否"顶天"和"立地"。原先的生产力指标不再是一级指标，部分原因在于荷兰科教界认为在学术机构中科研人员的成果发表压力已经过大。同时，这也是一种信号，即"（论文）越多并不是越好"。这充分反映了荷兰学术界重视真正的学术性贡献。

新协议凸显了"社会适切性"指标，重点评价学术界科研活动与社会、经济和文化发展的关联。正是在企业、社会各界的要求下，荷兰政府要求公立学术机构要以高质量的研究成果服务社会经济发展，学术机构只有积极提供切实的社会服务，才能真正体现出其存在的价值。其实不仅在荷兰，各国学术界在政府、社会的要求下，科研工作越来越需要面向生产实践、社会实践。在对科研机构进行评价时，不仅仅要看该机构是否在学术上取得贡献，比如是否提供了新的知识（如发表论文），比起以往，要更加注重其在解决实践问题上的贡献。

我国科研评价实践，如科研事业单位、重点实验室的评价工作中如能借鉴荷兰 SEP 新协议的这些做法，将有助于克服"唯帽子""唯论文""唯数量"的倾向。

二、完善科研机构评估制度的若干意见

2018 年 7 月 3 日，新华社公布了中共中央办公厅、国务院办公厅印发的《关于深化项目评审、人才评价、机构评估改革的意见》全文。其中，关于"完善科研机构评估制度"的内容提出了四点意见。

（一）实行章程管理

推动中央级科研事业单位制定实施章程，确立章程在单位管理运行中的基础性制度地位，实现"一院（所）一章程"和依章程管理。章程要明确规定单位的宗旨目标、功能定位、业务范围、领导体制、运行管理机制等，确保机构运行各项事务有章可循。

（二）落实法人自主权

中央级科研事业单位主管部门要加快推进政事分开、管办分离，赋予科研事业单位充分自主权，对章程明确赋予科研事业单位管理权限的事务，由单位自主独立决策、科学有效管理，少干预或不干预。坚持权责一致原则，细化自主权的行使规则与监督制度，明确重大管理决策事项的基本规则、决策程序、监督机制、责任机制，形成完善的内控机制，保障科研事业单位依法合规管理运行。切实发挥单位党委（党组）把方向、管大局、保落实的重要作用，

坚决防止党的领导弱化、党的建设缺失。

（三）建立中长期绩效评价制度

根据科研机构从事的科研活动类型，建立相应的评价指标和评价方式，避免简单以高层次人才数量评价科研事业单位。建立综合评价与年度抽查评价相结合的中央级科研事业单位绩效评价长效机制。以5年为评价周期，对科研事业单位开展综合评价，涵盖职责定位、科技产出、创新效益等方面。5年期间，每年按一定比例，聚焦年度绩效完成情况等重点方面，开展年度抽查评价。加强绩效评价结果与科研管理机制的衔接，充分发挥绩效评价的激励约束作用，在科技创新政策规划制定、财政拨款、国家科技计划项目承担、国家级科技人才推荐、国家科技创新基地建设、学科专业设置、研究生和博士后招收、科研事业单位领导人员考核评价、科研事业单位人事管理、绩效工资总量核定等工作中，将绩效评价结果作为重要依据。按照程序办理科研事业单位编制调整事项时，应参考绩效评价结果。

（四）完善国家科技创新基地评价考核体系

根据优化整合后的各类国家科技创新基地功能定位、任务目标、运行机制等不同特点，确定合理的评价方式和标准。科学与工程研究类基地重点评价原始创新能力、国际科学前沿竞争力、满足国家重大需求的能力；技术创新与成果转化类基地重点评价行业共性关键技术研发、成果转化应用能力、对行业技术进步的带动作用；基础支撑与条件保障类基地重点评价科技创新条件资源支撑保障和服务能力。对各类基地的评价要有利于人才队伍建设、能力提升和可持续发展。建立与评价结果挂钩的动态管理机制，坚持优胜劣汰、有进有出，实现国家科技创新基地建设运行的良性循环。

三、科研事业单位评估的目的和完善路径

开展科研事业单位评估可达成三个目的：第一，通过评价，不断地优化科研事业单位的管理，持续地完善管理流程，倒逼激发科研事业单位的创新潜能；第二，通过目标导向的评价，引导科研事业单位聚焦自身定位和发展方向，聚焦自身独特的目标和方向建设发展；第三，通过评价，引导科研事业单位面向国家目标开展研发、提供服务。

开展绩效评价，可以沿着这个路线图进行。首先，要加强科研机构绩效评价的顶层设计，建立符合科研规律的评价体系。比如，坚持分类评价，每个科研机构都有不同的使命、定位和特点，要让每个科研单位都能找到自己的位置和分类。做基础前沿研究要突出原创导向，以同行评议为主；社会公益性研究突出需求导向，以行业用户和社会评价为主；应用技术开发和成果转化评价突出企业主体、市场导向等。其次，实行章程管理，章程是科研事业单位的"基本法"，也是科研机构绩效评价的基本依据。绩效目标如何确定，与章程紧密相关。最后，要保障法人自主权，支持科研单位依照章程赋予的管理权限自主决策，政府部门少干预或者不干预。政府通过中长期的绩效考核，对科研事业单位进行目标管理和宏观管理，以此实现充分放权和有效监管相结合。

四、关于优化科研管理提升科研绩效若干措施

《国务院关于优化科研管理提升科研绩效若干措施的通知》（国发〔2018〕25号）① 提出，"建立完善以信任为前提的科研管理机制，按照能放尽放的要求赋予科研人员更大的人财物自主支配权，减轻科研人员负担，充分释放创新活力，调动科研人员积极性，激励科研人员敬业报国、潜心研究、攻坚克难，大力提升原始创新能力和关键领域核心技术攻关能力，多出高水平成果，壮大经济发展新动能，为实现经济高质量发展、建设世界科技强国作出更大贡献"。

该文件的内容分为5个部分："一、优化科研项目和经费管理""二、完善有利于创新的评价激励制度""三、强化科研项目绩效评价""四、完善分级责任担当机制""五、开展基于绩效、诚信和能力的科研管理改革试点"。

例如，该文件明确提出："（九）加大对承担国家关键领域核心技术攻关任务科研人员的薪酬激励。对全时全职承担任务的团队负责人（领衔科学家/首席科学家、技术总师、型号总师、总指挥、总负责人等）以及引进的高端人才，实行一项一策、清单式管理和年薪制。项目承担单位应在项目立项时与项目管理专业机构协商确定人员名单和年薪标准，并报科技部、人力资源社会保障部、财政部备案。年薪所需经费在项目经费中单独核定，在本单位绩效工资总量中单列，相应增加单

---

① 《国务院关于优化科研管理提升科研绩效若干措施的通知》（国发〔2018〕25号）
http://www.gov.cn/zhengce/content/2018 – 07/24/content_ 5308787. htm

位当年绩效工资总量。"

第二节　国内有关科研绩效评价及人才激励的改革措施

一、国内有关省市事业单位绩效工资制度若干改革措施

（一）扩大绩效工资分配权，完善分配激励机制

作为《关于开展"扩大高校和科研院所自主权，赋予创新领军人才更大人财物支配权、技术路线决策权"试点工作的通知》（国科办政〔2017〕15 号）的试点省份，河南在实施方案中提出了完善绩效工资分配机制。相应的原文如下：

完善绩效工资分配机制。试点单位在核定的绩效工资总量内，按规范的程序和要求，自主确定绩效考核办法和绩效工资分配方式，绩效工资分配要向关键岗位、高层次人才、业务骨干和做出突出成绩的工作人员倾斜，单位负责人的绩效工资由主管部门确定。绩效工资总量调整要与单位目标考核结果相挂钩，探索建立绩效工资水平正常增长机制。

实行以增加知识价值为导向的分配制度。在绩效工资总量内探索实行年薪制、协议工资、项目工资等多种灵活分配方式。股权期权激励、成果转化奖励不纳入绩效工资总量。兼职或离岗创业收入不受绩效工资总量限制。

（二）试行"绩效工资总量＋X"模式

为贯彻落实创新驱动战略，进一步支持事业单位创新发展，构建充满活力的人才激励机制，浙江、重庆等地通过新一轮的事业单位绩效工资制度改革，完善收入分配的激励机制，有利于体现按劳分配原则，探索按要素分配的改革方向，激发事业单位职工干事创业的积极性。

西安市 2017 年制定出台《西安市 D、E 类人才分类认定办法》，给予人才相应的奖励补贴和生活保障待遇。《西安市事业单位引进急需紧缺高层次人才绩效工资审核操作流程》规定，事业单位对急需紧缺的高层次人才，经主管部门审核，可单独制定绩效工资倾斜政策、不纳入绩效工资总量。

重庆市人社局、市财政局 2017 年 12 月联合召开视频会议，部署全市事业单位启动绩效工资制度改革。推出三项创新举措，强化事业单位绩效工资政策的激励机制。一是通过建立绩效工资水平动态调整机制，在考核事业单位的公益任务完成情况和事业发展水平的基础上，允许事业单位"做大分配蛋糕"，并对在创新创造、成果转化、社会服务等领域做出突出业绩的事业单位给予适当倾斜。二是扩大事业单位的内部分配自主权，配足配好"切蛋糕的餐具"，允许事业单位灵活确定绩效工资构成比例，并对特殊岗位工作人员采取年薪制、协议工资、项目工资等灵活多样的分配方式。三是给事业单位的"蛋糕"配上"奶酪"，实行激励性特殊报酬在绩效工资外单列，以清单方式明确"科技成果转化奖励、科研人员兼职收入、高等学校教师多点教学收入、医务人员多点执业收入"等 14 项收入项目不纳入事业单位绩效工资总量管理。

二、浙江省的人才新政、科技新政

（一）人才新政 25 条

2016 年 6 月，浙江省委、省政府发布的《关于深化人才发展体制机制改革支持人才创业创新的意见》（浙委发〔2016〕14 号）① 提出"四个机制、一个体制"：创新更具竞争力的人才集聚机制；构建充满活力的人才使用机制；完善便捷高效的人才服务机制；健全市场化、社会化的人才管理体制；建立人才优先发展保障机制。

对于绩效工资问题，该《意见》有专门的论述："11. 创新创造、成果转化、社会服务等业绩突出的单位或团队，可适当增加绩效工资总量。事业单位对急需紧缺的高层次人才，经主管部门审核，可单独制定收入分配倾斜政策，不纳入绩效工资总量。科研人员承担企业科研项目所获收入、科技成果转化奖励、科研经费绩效奖励，均不纳入绩效工资总量。事业单位科研人员承担企业科研项目，经费纳入单位统一管理，用途由企业与人才自行约定。对符合条件的、从事基础前沿研究的高层次人才，给予相对稳定的科研经费支持。对于基础前沿类重大科技计划（专项），可提供若干周期的项目经费支持。"

根据人才新政25条，浙江省人社厅制定了《关于进一步完善省属事业单位绩效工资政策推动人才创业创新的若干意见（试行）》（浙人社发〔2017〕132 号，简称《若干意见》）。《若干意见》按照"分类完

---

① 浙江省委、省政府《关于深化人才发展体制机制改革支持人才创业创新的意见》（浙委发〔2016〕14 号）http：//www. zjkjt. gov. cn/html/node11/see. jsp？id = 19870http：//news. sina. com. cn/o/2016 - 07 - 12/doc - ifxtwitr1984756. shtml

善、放宽搞活"的总体思路，突出考核激励导向，分类建立了绩效工资水平动态调整机制。根据绩效考核结果，单位绩效工资总量可分别按一定比例增长，着力解决考核结果应用性不足、事业发展与绩效工资总量增长不挂钩等问题，为推动事业单位发展、调动职工积极性注入活力。同时，为破解绩效工资分配"平均主义"的问题，《若干意见》明确，通过考核增长的绩效工资总量，重点向关键岗位、业务骨干、科研一线、成果显著的人才倾斜，真正做到多劳多得、优绩优酬。

浙江省的《若干意见》充分体现知识价值导向，让有能力、有成果、有技术的各类人才通过创业创新、参与经济社会发展，获得合理合法的报酬，通过试行"绩效工资总量＋X"管理模式，对高层次人才、科研经费绩效、科技成果转化、承担横向项目、文创产业发展等五个"X项目"进行专项激励，明确这些激励政策主要用于人员奖励分配，均不纳入单位绩效工资总量。对承担国家和省重大项目的高端科研人员，可实行年薪制、协议工资制、项目工资制等。通过建立绩效工资正常增长机制，设置"X项目"专项激励政策，结合国家正常工资标准调整等举措，在事业单位建立起全方位、多角度、立体化的激励运行机制，充分体现事业单位行业特点，最大限度地激发事业单位人员创新创业活力。

（二）浙江省科技新政 50 条

2018 年 12 月发布的《浙江省人民政府关于全面加快科技创新推动高质量发展的若干意见》（浙政发〔2018〕43 号）①，从开展关键核心

---

① 《浙江省人民政府关于全面加快科技创新推动高质量发展的若干意见》（浙政发〔2018〕43 号） http://www.zhejiang.gov.cn/art/2018/12/12/art _ 13793 _ 299294.html

技术攻坚、强化区域协同创新、打造高能级创新载体、强化企业主体地位、深化科技体制改革、构建创新创业生态系统等六方面提出 50 条政策举措，形成全面加快科技创新的组合拳。①

《意见》有部分内容专门涉及绩效评价、绩效工资改革，摘录如下。

（三）深化科技体制改革，激发全社会创新活力。

1. 深化项目评审、人才评价、机构评估改革。实施分类评价制度。改革重大科技专项、重点研发计划项目立项和组织实施方式，从过程管理向效果管理转变。科学设定人才评价指标，推行代表作评价制度，注重个人评价、团队评价和同行评价相结合。建立科研事业单位中长期绩效评价制度，充分发挥绩效评价在财政拨款、科技计划项目立项、科技人才推荐、绩效工资总量核定等方面的激励约束作用。（责任单位：省科技厅、省委人才办、省人力社保厅）

2. 优化科研管理，提升科研绩效。简化科研项目申报和过程管理，完善分级责任担当机制，强化科研项目绩效评价。推行省重大科技专项和领军型创新创业团队项目首席专家负责制，赋予科研人员更大的人财物自主支配权和技术路线决策权。推进科技计划体系改革，建立公开统一的科技计划管理平台，逐步形成政府部门立项、承担单位实施、专业机构评估的全程精细化、专业化、透明化

---

① 《浙江省人民政府关于全面加快科技创新推动高质量发展的若干意见》政策解读发布时间：2018 - 12 - 12. http://www.zjkjt.gov.cn/news/node18/detail180204/2018/180204_ 84824. htm

科技计划管理体制。省级科技计划项目一般采取公开竞争的方式择优遴选承担单位，对聚焦关键核心技术攻坚的重点或重大科技计划项目，可采取定向择优或定向委托等方式确定承担单位，强化成果导向。（责任单位：省科技厅、省财政厅）

3. 深化科研院所分类改革。以建设一流科研院所为目标，理顺省属科研院所领导体制和管理体制，开展省属科研院所中长期绩效评价改革试点，对绩效显著的科研院所在科研条件、科研项目、绩效工资等方面给予优先支持。加大省属公益类科研院所稳定支持力度，推动应用类、转制类科研院所向科技集团发展。（责任单位：省科技厅、省委编办、省财政厅、省人力社保厅）

第三节　上海市近年关于科技人才激励的政策演进

2015 年 7 月，上海出台《关于深化人才工作体制机制改革促进人才创新创业的实施意见》，被称为人才"20 条"。一年后，上海又出台了《关于进一步深化人才发展体制机制改革加快推进具有全球影响力的科技创新中心建设的实施意见》，在"20 条"的基础上推行人才"30 条"，形成人才改革的"四梁八柱"。这些政策经过各方努力，已取得积极成效，人才集聚效应明显。

一、激发重点群体活力带动城乡居民增收（关于科研人员）

为贯彻《国务院关于激发重点群体活力带动城乡居民增收的实施

意见》（国发〔2016〕56 号）①，上海市人民政府 2017 年 11 月下发《关于印发〈上海市激发重点群体活力带动城乡居民增收实施方案〉的通知》（沪府发〔2017〕85 号）。② 实施方案结合上海市实际，促进相应体制机制改革，保障城乡居民收入持续较快增长。

该实施方案专门论述科研人员的收入增长，以及相应的改革措施。

（三）科研人员

进一步突出知识价值分配导向，注重兼顾基础研究、应用研究、技术开发、成果转化等创新链不同环节各类人员的创造性，强调分类指导、分类施策，扩大科研单位在收入分配上的自主权，发挥科研项目资金的激励引导作用，加强科技成果产权对科技人员的长期激励作用，构建体现知识价值、符合创新规律、匹配实际贡献的科研人员薪酬体系。

完善绩效工资管理和奖励机制。根据事业单位绩效工资政策框架，结合科研机构行业特点，在核定的绩效工资总量内，优化绩效工资结构，建立健全科研人员科研工作量核算和绩效评定办法，形成科研项目、成果、奖励等与科研人员的奖励性绩效工资挂钩的制度。探索实施国有科技型企业股权激励和员工持股制度。

加强对科研人员的薪酬激励。探索建立体现行业特点的高校、

---

① 《国务院关于激发重点群体活力带动城乡居民增收的实施意见》（国发〔2016〕56 号）http：//www. gov. cn/zhengce/content/2016 – 10/21/content_ 5122769. htm

② 《上海市人民政府关于印发〈上海市激发重点群体活力带动城乡居民增收实施方案〉的通知》 （沪府发〔2017〕85 号）http：//www. shanghai. gov. cn/nw2/nw2314/nw2319/nw2404/nw42812/nw42813/u26aw54694. html

科研机构薪酬调查比较与评估制度，为科技创新人员提供充分和稳定的基本收入保障，为科研人员提供较高标准的收入待遇，对基础研究类、承担重大战略项目类科研人员建立以"稳定的基本收入＋绩效奖励"为主的收入结构，探索采用年薪工资、协议工资、项目工资等方式聘任高层次科技人才。

优化科研项目经费管理。科技成果转化收益奖励、财政科研项目用于人员的劳务费用、间接费用用于人员激励的经费以及引进高层次人才和团队的费用，不计入绩效工资总量。进一步向科研机构下放项目经费预算调整审批权。

二、《上海加快实施人才高峰工程行动方案》出台

在 2018 年 3 月 26 日举行的上海市人才工作大会上，《上海加快实施人才高峰工程行动方案》出台，在七方面取得制度性突破。其中，"量身定制、一人一策""实施高峰人才全权负责制"等政策，引起广泛关注。

在工作机制方面，提出赋予高峰人才用人权、用财权、用物权和技术路线决定权、内部机构设置权。

"打造具有国际竞争力的事业发展平台"：重点是为高峰人才量身创设新型工作机构，不受行政级别、事业编制、岗位设置、工资总额限制。按需建设定制式实验室。优先保障充足便捷的科研场地。优先使用张江科学城布局的大科学装置。

"建立新型财务管理机制"：对获得支持的高峰人才及其团队

实行综合预算管理，建立国际通行的财务管理机制。①

而此次人才高峰工程行动方案，则是在原来"普适性"政策基础上，抓牢科创建设的"关键少数"，着力在上海有基础有优势的领域，集聚造就若干能够走在全国前头、走在世界前列的"宗师泰斗"，形成若干人才高峰。②

三、上海市教卫事业单位的绩效工资改革政策

上海市教育系统在财政部门的支持下先后推出了若干个专项的激励计划：2012 年推出了"市属本科高校骨干教师教学激励计划"，旨在激励教师更积极地投身到教育教学工作之中；2017 年推出"建设上海高水平地方高校创新团队"方案，并制定相应的收入分配机制。公共卫生系统也有专项激励计划。

（一）上海市教委关于本科教学的教师激励计划

市教委先后出台《上海市教育委员会关于开展市属本科高校骨干教师教学激励计划试点工作的通知（2012）》（沪教委人〔2012〕52号）、《上海市教育委员会关于深入推进本科教学教师激励计划的指导意见》（沪教委高〔2017〕64 号）等文件。

根据国家和上海市中长期教育改革发展规划纲要和人才发展规划纲要的要求，深入贯彻《教育部关于全面提高高等教育质量的若干意见》

---

① 重磅！上海今天出台人才高峰工程行动方案，政策"干货"为你逐条解读 http://www.sohu.com/a/226435371_ 275786

② 上海加快实施人才高峰工程行动方案 http://www.china－sorsa.org/n195/n203/n214/n229/u1ai12685.html

（教高〔2012〕4号），以全面实施高校绩效工资改革为契机和突破口，推进事业单位改革和本市高校人事制度整体配套改革，实现本市高校教师队伍整体素质明显提升、队伍结构明显优化、队伍水平明显提高的目标。使教师队伍在高等教育发展方式转型和高等教育改革、发展、开放历史进程中真正成为核心、关键的战略资源和依靠力量。

实行教师教学绩效考核与学校下年度绩效工资总额调整挂钩。"考核合格的给予相应的激励。对优秀教师个体实行精神和物质奖励，或给予荣誉称号；对优秀的学校在绩效工资总额配置上给予相应的倾斜，对学校合理的创新项目列为市级项目；对考核不合格的高校问责并整改，对不合格的教师试行转岗制度。"

（二）关于建设上海高水平地方高校创新团队收入分配机制的试行意见

2017年9月，市教委、市人社局、市财政局联合下发了《关于建设上海高水平地方高校创新团队收入分配机制的试行意见》（沪教委人〔2017〕56号），以深入推进地方高水平高校创新团队建设，以聚焦团队建设和收入分配机制改革，推动提升高水平师资队伍建设和学校综合水平。

该意见的指导思想："遵循深化人才发展体制机制改革要求，以聚焦团队发展模式和创新收入分配机制为重点，优化中青年教师成长发展、脱颖而出的制度环境，培育跨学校、跨领域、跨学科的创新团队，为建设上海高水平地方高校提供人才支撑。通过人事政策和财政资金支持，强化高层次人才的支撑引领作用，稳定具有发展潜力的中青年骨干人才，培养一批活跃在国际和国内学术前沿、满足国家和本市重大战略需求的高水平创新团队。坚持中国特色社会主义办学方向，明确师德师风建设要求，通过团队建设带动和造就一支有理想信念、有道德情操、有扎实学识、有仁爱之心的高校优秀教师队伍。"

该意见提出，坚持收入统筹管理："创新团队收入实行统筹管理，引导地方高校通过增量撬动存量，盘活绩效工资总量，激活绩效工资分配。团队资助经费实行单独核算和统计，纳入单位绩效工资管理。"

创新团队分为战略创新团队、重点创新团队；入选条件、任务要求、资助力度有所不同。根据高水平地方高校建设规划，对重点建设高校每个重点建设学科（领域）支持创新团队一般不超过 8 个，其中战略创新团队不超过 3 个；对其他高水平地方高校每个重点建设学科（领域）一般不超过 5 个，其中战略创新团队不超过 2 个。高校进入创新团队的教师人数不超过学校教师认识的 30%。

（三）公共卫生系统的绩效工资改革

随着全球公共卫生疫情趋势、城市规模变化等影响，上海市公共卫生安全保障体系面临巨大挑战和威胁，公共卫生人才队伍能力与管理模式已不能完全适应上海市特大型城市安全保障的需要。上海卫生系统提出了公卫人员是保障城市公共安全、人民生命的"特种兵"的理念。根据具体单位的薪酬数据比较，目前公卫系统的薪酬水平与"特种兵"的能力要求、工作强度、工作压力、职业风险等不匹配，远低于其能胜任的其他职业岗位。

因此，公卫系统亟须实施岗位津贴与工作补贴，提高薪酬待遇水平。总原则为"待遇随岗位走"，建议特种兵队员在原岗位上享受到的薪酬水平不变，增加特种兵岗位津补贴和加班补助，总的薪酬不受单位绩效总额限制。并且建立岗位津补贴动态增加机制，建议与原薪酬同比增长。

据介绍，上海卫生部门还在财政局、人社局的支持下，开展院前急救人才队伍建设。有关报告建议，财政部门应进一步完善院前急救人员经费保障机制，加大财政支持力度。人力资源和社会保障部门应按照对应医疗机构类别核定或提升了医疗急救中心在编人员薪酬水平和急救辅助人员薪酬标准。

四、科改"25条"是上海市科技事业单位评价与绩效工资改革的新起点

（一）科改"25条"的相关内容

上海市 2019 年 2 月发布的《关于进一步深化科技体制机制改革增强科技创新中心策源能力的意见》（简称上海科改"25条"）应是未来上海市科教界开展科研评价与绩效工资改革的新起点。相关的条款摘录如下。

1. 深化高校、科研院所和医疗卫生机构科研体制改革

进一步扩大高校、科研院所和医疗卫生机构等研究机构在科研活动中的选人用人、科研立项、成果处置、编制使用、职称评审、薪酬分配、设备采购、建设项目审批等自主权。根据机构功能使命，建立以创新绩效为核心的中长期综合评价与年度抽查评价相结合的评估机制，评估结果作为经费预算、绩效工资、领导干部考核等的重要依据。

……加快推进现代科研院所制度建设，优化法人治理结构，调

整创新运行机制，建立健全机构资助体系……

2. 优化人才评价制度

树立正确的人才使用导向，按照"谁用谁评价、干什么评什么"的原则，以职业属性和岗位要求为基础，推行代表性成果评价制度，对主要从事基础研究、应用研究和技术开发、科技战略研究、哲学与社会科学研究、科技管理服务、技术转移服务、实验技术、临床医学研究的人才实行分类评价。注重个人评价与团队评价相结合，尊重认可团队成员的实际贡献。人才计划项目名称不作为人才称号，清理"唯论文、唯职称、唯学历、唯奖项"问题。在各类评审评价中，对本土培养人才和海外引进人才平等对待，不得设立歧视性指标和门槛。

3. 实施知识价值导向的收入分配机制

以增加知识价值为导向，建立事业单位绩效工资总量正常增长机制，提高科研人员的收入水平。竞争性科研项目中用于科研人员的劳务费用、间接费用中绩效支出，经过技术合同认定登记的技术开发、技术咨询、技术服务等活动的奖酬金提取，职务科技成果转化奖酬支出，均不纳入事业单位绩效工资总量。科研人员经所在单位同意，可到企业和其他科研机构、高校、社会组织等兼职并取得合法报酬，可离岗从事科技成果转化等创新创业活动，兼职或离岗创业收入不受本单位绩效工资总量限制。对按照事业单位人数一定比例确定的高层次人才，单位可自筹经费，自定薪酬，其超过单位核定绩效工资总量的部分，不计入绩效工资总量。对全时全职承担重大战略任务的团队负责人以及引进的高端人才，实行"一项一策"、清单式管理和年薪制，年薪所需经费在项目经费中单独核定。完善国有企业科研人员收入与创新绩效挂钩的奖励制度。

市领导在解读科改"25条"时指出，要充分激发和调动"人"的创造活力和动力。创新驱动实质是人才驱动，没有人才优势就不可能有创新优势、科技优势、产业优势。一是实施知识价值导向的收入分配机制。为了让真正有作为、有贡献的科研人员"名利双收"，明确提出，建立事业单位绩效工资总量正常增长机制，提高科研人员收入水平。对竞争性科研项目，用于科研人员的劳务费用、间接费用中绩效支出，经过技术合同认定登记的技术开发、技术咨询、技术服务等活动的奖酬金提取，职务科技成果转化奖酬支出，均不纳入事业单位绩效工资总量。对达到事业单位人数一定比例的高层次人才，单位可以自筹经费，自定薪酬，其超过单位核定绩效工资总量的部分，不计入绩效工资总量。对全时全职承担重大战略任务的团队负责人以及引进的高端人才，实行一项一策、清单式管理和年薪制，年薪所需经费在项目经费中单独核定。二是进一步优化人才结构，上海科改"25条"强调：既要重视科学家和科技人员，又要重视企业家，还要重视大众创新创业人员；既要重视高层次创新人才，又要重视青年科技人才；既要重视海外人才的引进，也要重视本土创新人才的培育，实行本土培养人才与海外引进人才平等对待，不得设立歧视性指标与门槛。三是完善人才评价激励制度，上海科改"25条"树立正确的人才使用导向，按照谁用谁评价、干什么评什么的原则，推行代表性成果评价制度，对主要从事各类创新活动的人才实行分类评价；注重个人评价与团队评价相结合，尊重认可团队成员的实际贡献。人才计划项目名称不作为人才称号，在各类评审评价中，清理"唯论文、唯职称、唯学历、唯奖项"问题。①

（二）上海市扩大科研事业单位科研活动自主权的实施办法

为深入贯彻落实科改"25 条"，进一步扩大科研事业单位科研活动自主权，2019 年 4 月上海市科委、教委、卫生等行政部门联合党委组织部、市财政局出台了《关于进一步扩大高校、科研院所、医疗卫生机构等科研事业单位科研活动自主权的实施办法（试行）》（沪科规〔2019〕2 号）。

该实施办法的内容紧密跟随了上海市科改"25 条"的相关内容，部分文字上进行了稍微详细的表述。例如，该实施办法的关于"实施章程管理""薪酬管理自主权"等条款的具体表述与科改"25 条"比较相近，不再列举阐述。科改"25 条"是上海市科技体制机制改革的纲领性文件，科技事业单位评价与绩效工资改革也应以此为新起点。

第四节 基于国内外比较研究的趋势性思考

从学理的角度，关于"科研事业单位绩效评价与绩效工资改革"需要探究两个基本问题：（1）科技事业单位的绩效工资总额是否需要增加？如果可以增加，那么经费来源途径在哪里？（2）如何开展绩效考核？具体的评价指标体系包括哪些？这些问题又是交织在一起。

---

① 上海市政府新闻办. 副市长吴清出席市政府新闻发布会介绍上海最新出台的《关于进一步深化科技体制机制改革增强科技创新中心策源能力的意见》http：//www.shanghai.gov.cn/nw2/nw2314/nw2319/nw44137/nw44138/u21aw1375734.html

对于科技事业单位的绩效工资总额是否需要增加，可能更多的是一个实践操作层面的问题。随着物价不断上涨，科技人员的收入难以满足生活的需要，一定程度上影响了工作的积极性。目前，事业单位的绩效工资总额核定不太科学，核定的主要依据单位的人员总量和结构，在实际操作中，为保障改革的平稳过渡，相关部门在核定绩效工资总量的时候，往往参照历史水平进行核定，在之后进行绩效工资总额调整时，历史的绩效工资水平往往起决定性作用。显然，改革事业单位绩效工资制度，增加绩效工资总额，对于激发科技人才活力，促进科技事业单位发展，加快建设创新型国家具有重要意义。

一、研发经费投入保持持续增长是个非常大的挑战

从全国范围来看，改革开放以来，科技经费投入方式逐步多元化，企业越来越成为科技经费投入的主体。相比较，同期我国教育经费投入方式也逐步多元化，但是 20 世纪 90 年代后我国政府明确提出了国家财政性教育经费支出占国民生产总值的比例达到 4% 的目标。近年来，该比例达到并持续保持在 4% 以上。同期，国家财政科学技术支出占国民生产总值的比例为 1% 左右（2018 年 9518.2 亿元，占 1.06%）。但是，我国政府并没有公开对财政科学技术支出提出强制性目标。

政府和社会各界对研发经费投入强度的提升，不断根据国民经济发展、科技事业发展，提出了各个阶段的目标。在过去十多年中，我国研发经费投入强度的提升并非一路高歌，在"十一五"达到 1.75%，没有完成 2% 的目标任务；"十二五"达到 2.06%，没有完成 2.2% 的目标任务。其中，2018 年为 2.19%。2016 年 5 月中共中央国务院印发

《国家创新驱动发展战略纲要》，明确提出了 2020 年研究与试验发展
（R&D）经费支出占国内生产总值比重达到 2.5%。当前，我国经济发
展已进入新常态，从高速增长转为中低速增长，研发强度达 2.5% 的目
标是非常大的挑战。

进入知识经济时代，研发经费投入和支出的主体都应该是企业，研
发投入强度 2020 年达到 2.5% 的目标很大程度上要靠企业来实现。很显
然，科技事业单位的生存发展在很大程度上要依靠自身积极主动为产业
界发展提供服务。

二、科研应服务社会经济发展

美国的 NIH、NSF 是政府的两大基础研究资助机构。美国国会批准
NIH 的预算经费（300 多亿元）远多于 NSF（100 亿元左右），是因为
国会回应美国社会对生物医药研究事业的需求。美国 NSF 的战略规划
也在要求科研项目申请人或基地申请单位更多关注社会需求。我国国家
自然科学基金委员会（NSFC）也于 2009 年专门成立了医学科学部，随
着进入老年社会，健康问题将成为一大社会问题，我国政府对"生命
科学（生物医学）研究"的支持可能还会加大。

2019 年 5 月国务院办公厅向全国印发了《科技领域中央与地方财
政事权和支出责任划分改革方案》（国办发〔2019〕26 号）。改革方案
划分了中央与地方权责，指出"在完善中央决策、地方执行的机制基
础上，明确中央在财政事权确认和划分上的决定权。根据科技事项公共
性层次、科技成果受益范围等属性，科学合理划分科技领域中央与地方
财政事权和支出责任。中央财政侧重支持全局性、基础性、长远性工

作，以及面向世界科技前沿、面向国家重大需求、面向国民经济主战场组织实施的重大科技任务。同时进一步发挥中央对地方转移支付的作用，充分调动地方的积极性和主动性。地方财政侧重支持技术开发和转化应用，构建各具特色的区域创新发展格局。"

现在各国政府都越来越重视"目标导向类基础研究"。该《改革方案》提出了，"目标导向类基础研究要紧密结合经济社会发展需求，由中央财政和地方财政分别承担支出责任。其中：聚焦国家发展战略目标和整体自主创新能力提升的事项，由中央财政承担主要支出责任。地方结合本地区经济社会发展实际，根据相关规划等自主设立的科技计划（专项、基金等），由地方财政承担支出责任。"

进入知识经济时代，基础研究、应用研究、技术开发等阶段的界限越发模糊。科技创新工作服务社会经济发展，应是其基本宗旨。发达国家的科技评价导向转变为"学术价值＋实际社会贡献"，更加强调科研对经济和社会发展的贡献，科研工作的社会影响力成为其中的关键指标。

三、市场竞争促成科技与经济结合

从国际经验来看，"政府定价"和"市场定价"是科研人员薪酬决定机制的两个核心维度，并由此形成了两种传统薪酬制度。德国、法国等国的政府实验室，以及美国国家实验室、州政府实验室在传统上都采用公务员制度，采取政府雇员的固定薪酬。

面对国际竞争和内部需求，各国也积极探索科研人员薪酬制度改革，更加与市场接轨，以市场决定科研人员薪酬水平。例如，美国国家实验室的"购买服务"方式，采用了承包方的薪酬制度。例如，巴特尔纪念研究院管理或巴特尔联合其他机构共同管理美国能源部科学局（Office of Science，SC）管辖的国家实验室，根据联邦采购条例（FAR）的规定，这些实验室给予员工的报酬，与相似行业、地理相近的公司的员工薪酬相比，必须具有竞争力。美国的拜杜法案等法规政策还以经济利益刺激科研人员向市场转移技术，扩展政府科技投入的经济价值回报。

我国新修订的科技成果转化法规定，成果收益50%以上比例要分配给完成人。上海的相关条例规定，该比例为70%以上；实践中在部分高校科研院所，该比例可达90%以上。我们通过比较研究发现，在美国高校中，该项比例大都为30%左右。"70%以上的比例"有可能减少单位二次分配的空间，压缩单位领导的权力空间，有可能不利于科研团队的可持续发展。

我国各级政府还进一步明确了要授予科技领军人才更大人财物支配权，进一步明确了"四技服务"收入不列入绩效工资总额限制。这些政策反映到收入上，就会产生科研人员群体内部巨大的收入差距。这也可能导致科研人员倾向于承担短平快课题，不愿意承担需要长期深入研究的重要课题。市场竞争、利益刺激在一定程度上会促成并加快科技与经济相结合，但是过度的物质利益刺激可能会带来组织与管理的难题。

绩效评价及工资改革，是组织管理与发展的核心问题，涉及方方面面，也是世界性难题。以上是基于国内外比较研究，对未来发展趋势的学理性思考。下文，我们根据前期调研和相关文献特别是各级政府的政策文件，对科研事业单位绩效考核和绩效工资改革提出若干建议。

第五节 科研事业单位绩效评价和
绩效工资改革的若干原则

一、要与事业单位的机构改革相协同

绩效工资方案的实际激励效果与事业单位的单位性质（公益1、2类型）确定、事业编制改革、事业单位福利（如经济适用房）等要素的改革发展紧密相关。要以绩效工资改革为契机和突破口，推进事业单位改革和人事制度整体配套改革，实现本市科技人才队伍整体素质明显提升、队伍结构明显优化、队伍水平明显提高的目标。

公益一类的事业单位，是全额拨款的事业单位。该类单位"不能有自己创收的业务，收支两条线，（员工工资）靠财政拨款"。公益二类的事业单位，其资源在一定区域或程度上可通过市场配置，即政府实行差额拨款，部分经费由单位通过向社会提供服务而获取，其按照政府确定的公益服务价格收取费用。例如，普通高等学校属于公益二类的事业单位，教职员工的工资从政府财政部门获得差额拨款，部分经费需由高校从其他途径获取。

较长一个时期，对于事业单位的单位属性，我们一直在公益一类、公益二类、生产经营类几个类别上纠结。如果是公益一类的事业单位，是全额拨款的事业单位，其绩效工资的提升要么依靠政府政策的特殊照顾；要么转为公益二类，或转为新型研发机构（政府给予一定的经费

补贴，市场化运行），后者也许可成为大多数科技事业单位（研发类）的改革路径。

2018 年 3 月《中共中央关于深化党和国家机构改革的决定》正式颁布。其中涉及事业单位改革的内容如下。

（五）加快推进事业单位改革

党政群所属事业单位是提供公共服务的重要力量。全面推进承担行政职能的事业单位改革，理顺政事关系，实现政事分开，不再设立承担行政职能的事业单位。加大从事经营活动事业单位改革力度，推进事企分开。区分情况实施公益类事业单位改革，面向社会提供公益服务的事业单位，理顺同主管部门的关系，逐步推进管办分离，强化公益属性，破除逐利机制；主要为机关提供支持保障的事业单位，优化职能和人员结构，同机关统筹管理。全面加强事业单位党的建设，完善事业单位党的领导体制和工作机制。

相比较，2011 年 3 月出台的《中共中央国务院关于分类推进事业单位改革的指导意见》（中发〔2011〕5 号），2018 年的《中共中央关于深化党和国家机构改革的决定》没有提及公益属性的事业单位要区分为公益一类、二类，但是明确提出了"逐步推进管办分离，强化公益属性，破除逐利机制"。

二、人事管理要从身份管理转变为"岗位管理""合同管理"

珠三角、长三角等地新型研发机构的出现搅动了事业单位属性的传统分类。广东、浙江的部分新型研发机构登记注册为事业单位（公益二类），但是，只有少量的事业编制，内部管理按企业化机制运行。上海若干家科研院所多年前转制为企业，近年再探索新型研发机构的运行机制，单位性质仍然是企业，政府给予一定的经费补贴。不管注册为事业单位还是企业，这些新型研发机构大都通过市场方式招聘员工、确定相应的岗位薪酬，全员合同聘任，考核按合同。近两三年来，部分新建科研机构把这种人事管理模式称为"员额管理"（即定编定岗不定人管理。获聘定编定岗不定人岗位的人员按规定签订聘用合同，聘用后一般不办理入编手续，但占用核定的编制数，享受有关政策规定的福利待遇）。

例如，浙江省之江实验室在浙江省人社厅支持下采取"报备员额制"的人事管理模式，实验室可自主确定内部组织机构和人员编制，只需事后进行报备，实现"按需设岗、按岗选聘、分类管理、能进能出"。原本体制内的人员进来之后，仍是事业编制。高层次人才引入之后，经过一定的聘期并通过考核后，也能够进入事业编制。但无论有没有事业编制、或者高级职称，所有人的待遇不会因"身份"有很大差别，薪酬待遇主要根据每位员工的岗位和绩效而定。之江实验室还有正高级职称的自主评审权。在浙江省政府的大力支持下，之江实验室能为人才提供"事业化保障、企业化薪酬"（这包括有事业编制的员工如果调离之江，可以事业编制调入到其他事业单位）。

事业编制的内涵之一是政府财政拨款的主要部分（"绩效工资"）是按在编人员数拨款（"人头费"）。员工的工资福利待遇（及其部分收入）不与编制挂钩，是另一种"架空编制"的做法，现在已经成为主流。例如，上海市科创"25条"提出"9. 实施知识价值导向的收入分配机制"，该条意见具体提到了，"科研人员经所在单位同意，可到企业和其他科研机构、高校、社会组织等兼职并取得合法报酬，可离岗从事科技成果转化等创新创业活动，兼职或离岗创业收入不受本单位绩效工资总量限制。对按照事业单位人数一定比例确定的高层次人才，单位可自筹经费，自定薪酬，其超过单位核定绩效工资总量的部分，不计入绩效工资总量。对全时全职承担重大战略任务的团队负责人以及引进的高端人才，实行'一项一策'、清单式管理和年薪制，年薪所需经费在项目经费中单独核定。"

总之，传统体制下科研院所的事业编制、"有没有编制"造成现实中的"同工不同酬""体制内外工作稳定性迥异"现象，以及由此导致体制内外人员都有可能工作积极性、主动性不够，造成人力资源浪费。取消事业编制，就是打破事业单位的铁饭碗，真正实行全员合同制，能进能出，彻底割除长期以来同工不同酬、工作消极应对等痼疾。目前难以做到立即取消事业编制，可逐步取消，具体策略之一就是采用类似部分高校在推行人事管理双轨制的做法。另外，考虑到部分科技事业单位的公益属性，也不能完全推向市场化，还要保留事业单位性质，由财政进行差额拨款且要持续增长，财政拨款方式要改为项目式经费核算办法（如科创 25 条的"实行综合预算管理"），与在编人员多少不直接挂钩。

建议，科研人员队伍管理逐步变"身份管理"为"岗位管理""合同管理"。逐步取消事业编制，让科研人员从"单位人"实现向"社会人"的转变，有利于优秀科研人员的自由流动，也将倒逼科技事业单位的改革。

三、发挥市场化机制的竞争作用

市场化竞争机制与事业单位的公益性之间不存在根本性矛盾。《国务院办公厅关于抓好赋予科研机构和人员更大自主权有关文件贯彻落实工作的通知》（国办发〔2018〕127号）指出："充分认识赋予科研单位和科研人员自主权的重要意义，坚决贯彻落实党中央、国务院各项部署要求，尊重规律，尊重科研人员，充分发挥市场在科技资源配置中的决定性作用，更好发挥政府作用……"

这几年浙江、重庆等地开始试行"绩效工资总量＋X"模式，就是一种市场化的机制。通过建立绩效工资水平动态调整机制，在考核事业单位的公益任务完成情况和事业发展水平的基础上，允许事业单位"做大分配蛋糕"，并对在创新创造、成果转化、社会服务等领域做出突出业绩的事业单位给予适当倾斜。

上海市科创"25条"也提出"9. 实施知识价值导向的收入分配机制"（以增加知识价值为导向，建立事业单位绩效工资总量正常增长机制，提高科研人员的收入水平。竞争性科研项目中用于科研人员的劳务费用、间接费用中绩效支出，经过技术合同认定登记的技术开发、技术咨询、技术服务等活动的奖酬金提取，职务科技成果转化奖酬支出，均不纳入事业单位绩效工资总量。……）

总之，科技事业单位绩效工资的提升可部分由市场来解决。国家层面已经把"科技系统"归到"经济系统"。让市场竞争来"解决"科技人才的绩效工资提升问题，一定程度上也促进科技与经济的结合。

四、感情留人、事业留人、待遇留人

绩效评价是个世界性难题，特别是当评价结果与薪酬待遇挂钩时。例如，索尼曾经是20世纪最伟大的公司之一，创造了无数个辉煌的成就，索尼的随身听、WALKMAN、PSP等产品就像目前苹果的 Iphone、IPAD一样令人痴迷，索尼曾经是"激情""创新"的代名词，可如今索尼风光不再。21世纪初正当世人因出色的绩效管理造就了巨无霸索尼并趋之若鹜争相取经的时候，2007年索尼公司前常务董事天外伺郎却在《绩效主义毁了索尼》一文中写道：由于尊崇绩效主义，索尼近几年已经风光不再，并且在一些管理问题上积重难返。

要时时注意绩效评价的负面效应，特别是量化评价带来的弊端。物质激励要与精神激励相结合，不能把人才激励措施简化为物质激励（薪酬激励）。管理学的研究业已发现，挑战性任务、自主权、教育和发展机会更能激励专业人士。[①] 改革开放以来，国内许多地方、许多单位在改革与发展中形成了一种说法："感情留人、事业留人、待遇留人。"这种说法与科技事业单位的建设发展联系起来的话，那么"感情留人"与单位领导、公正公平的制度有关；"事业留人"与单位的科研方向、科研实力、科研活动有关；"待遇留人"涉及个人的薪酬。"感情留人、事业留人、待遇留人"这个说法是把体制机制的改革、工作氛围的营造摆在了第一位；薪酬待遇排在第三位。

---

① 斯蒂芬·罗宾斯. 组织行为学 ［M］. 孙健敏，李原，等译. 北京：中国人民大学出版社，1997：213.

第六节　完善绩效评价和绩效工资改革的举措建议

一、绩效考核可采取"合同管理"模式

中办、国办 2016 年 11 月印发的《关于实行以增加知识价值为导向分配政策的若干意见（厅字〔2016〕35 号)》提出了，"对有条件的科研机构，探索实行合同管理制度，按合同约定的目标完成情况确定拨款、绩效工资水平和分配办法。"

目前，政府人事部门、财政部门鼓励主管部门统筹相同行业小类的单位的绩效工资总量，向单位效能良好的事业单位倾斜。效能考核比较难，不同单位的具体业务不同，相互间也不好比较。考核"合同约定的完成情况"相对容易些。

例如，上海市科改"25 条"提出，"加快集聚建设一批世界级创新单元、研究机构和研发平台，打造国家战略科技力量。按照'一所（院）一策'原则，探索试点不定行政级别、不定编制、不受岗位设置和工资总额限制，实行综合预算管理，给予研究机构长期稳定持续支持，赋予研究机构充分自主权，创新运行管理机制，建立具有竞争力的薪酬体系。"

二、评价指标应以服务社会经济发展为主要指标，并合理设置细化指标

科研评价的基本内容就是要看学术机构的科研工作是否"顶天"和"立地"。荷兰科研机构的标准评价协议（SEP 2015－2021）的评价指标体系明确区分了学术性贡献（"研究质量"）和应用性贡献（"社会适切性"），并同等重视两类贡献。被评的科研机构可从评价维度的"可举证的成果""可举证的成果被使用情况""可举证的得到认可情况"选择细化指标，该科研机构需要在自我评估报告中说明他们选择的细化指标，即指标的定义和度量等事宜。具体的细化指标选择应符合：①该学科或研究领域普遍使用的指标；②适合于该被评机构的特定任务和战略；③经被评机构（如学院）与上级机构（如大学董事会）协商确定。

目前，我国教育行政部门提倡高校的分类管理、分类评价。从某种意义上说这也是用一种统一的指标来衡量某一类的学术机构（可能官方划分），无非是对一类机构或内部团队的评价采用一套指标，重视或忽视若干个指标。这种分类评价并不是个性化的评价。荷兰标准评价协议（SEP）允许被评机构与上级机构协商选择细化指标和举证，更为合理有效。

地方科技事业单位要以服务社会经济发展为宗旨。科研工作越来越需要面向生产实践、社会实践。在对科研机构进行评价时，不仅仅要看该机构是否在学术上取得贡献，比如是否提供了新的知识（如发表论文），比起以往，要更加注重其在解决实践问题上的贡献。相关的合同

应该明确该单位服务社会经济发展的关键指标。具体的细化指标可参考荷兰标准评价协议（2015－2021）。

三、评价方式上要注重短期与长期考核相结合、个人与团队评价相结合

考核评价周期应该以 5 年综合评价与年度抽查评价相结合。中办、国办 2018 年 7 月印发的《关于深化项目评审、人才评价、机构评估改革的意见》提出了："建立综合评价与年度抽查评价相结合的中央级科研事业单位绩效评价长效机制。以 5 年为评价周期，对科研事业单位开展综合评价，涵盖职责定位、科技产出、创新效益等方面。5 年期间，每年按一定比例，聚焦年度绩效完成情况等重点方面，开展年度抽查评价。"

评价方式上还要注重个人评价与团队评价相结合。目前，单位或单位二级部门的绩效考核实质上分解为个人绩效考核，缺少科研团队绩效考核。这与事业单位缺乏章程管理、合同管理有关，与缺乏重大问题的凝练有关。建议，注重个人评价与团队评价相结合，尊重认可团队成员的实际贡献，以形成真正围绕若干重大问题开展长期研究的科研氛围。

四、绩效工资要考虑限高且应对外公开

我们在前期的国别比较研究中发现，美国政府资助的大学科研项目中，人员性经费并没有一个硬性的比例限制，教授可根据科研实施需要申请列支研究生学费和生活津贴、博士后工资、技术人员工资等劳务费用，而且这些费用占了项目总经费的很高比例（可达 60% 或以上）。教

授还可以申请从项目经费中列支3个月左右教授工资（相当于假期工资），甚至半年或一年以上的教授工资，只要该教授每年从科研项目中列支的工资（即劳务费）加上从大学领取的工资没有超过其单位年薪限制（institutional base salary），并且也没有超出资助机构规定的最高劳务费（salary rate cap）。不过，这两个限制所对应的额度一般较高，达到20多万美元。

相比较，我国科技人员的收入还不高。因此，绩效工资暂时可不限高，但是应该尽快出台限高措施。个人的收入限高可定为同类单位博士学位获得者平均薪酬的5倍。另外，事业单位（公益机构）员工的具体薪酬金额应对外公开，或者，该单位5位最高收入者的收入公开，接受社会舆论的监督。接受政府资助的各类新型研发机构的主要负责人、主要科技人才的具体收入也应该公开。

五、绩效工资改革要有其他福利待遇相配合

绩效工资改革要与科研队伍结构的完善、科研人员职称晋升制度改革相结合，也要与其他福利待遇相配合。我们调研发现，中国科学院系统、行业科研院所的薪酬在整体上高于高校。但是，由于高校大都拥有优质的附属中小学，可为子女教育提供更多的选择机会，从科研院所吸引了中青年人才的加盟。

人才是上海的最核心资源、最宝贵资源和战略资源，事关上海具有全球影响力科创中心建设的核心竞争力。相比较北京、广东（广州、深圳）等地，上海市科教事业单位的工作人员收入相对较低。周边城市杭州、宁波等地也在开展收入分配机制的改革。人才收入水平竞争力的低下会直接导致上海市科教事业单位难以吸引或留住优秀人才。同时，对照上海市建设具有全球影响力的科技创新中心、卓越全球城市的要求，优化调整收入分配政策、收入分配制度改革显得更为迫切。

总之，要充分发挥收入分配政策的激励导向作用，激发广大科研人员的积极性、主动性和创造性，我们需要按照 2016 年 11 月中办、国办颁布的《关于实行以增加知识价值为导向分配政策的若干意见》精神，破除影响科研人员的实际贡献与收入分配不完全匹配的观念和机制问题，实行以增加知识价值为导向的分配政策，鼓励科研人员多出成果、快出成果、出好成果，以促进科研绩效、生产力水平的提升与科技人才收入增长的良性互动。

主要参考文献

习近平. 决胜全面建成小康社会夺取新时代中国特色社会主义伟大胜利——在中国共产党第十九次全国代表大会上的报告 [N]. 2017 – 10 – 18.

习近平. 深入贯彻落实党在新形势下的强军目标,加快建设具有我军特色的世界一流大学 [N]. 2013 – 11 – 05.

习近平. 在中国科学院第十七次院士大会、中国工程院第十二次院士大会上的讲话在北京大学师生座谈会上的讲话 [N]. 2014 – 06 – 09.

习近平. 为建设世界科技强国而奋斗——在全国科技创新大会、两院院士大会、中国科协第九次全国代表大会上的讲话 [N]. 2016 – 05 – 30.

习近平. 在北京大学师生座谈会上的讲话 [N]. 2018 – 05 – 02.

习近平. 在中国科学院第十九次院士大会、中国工程院第十四次院士大会上的讲话 [N]. 2018 – 05 – 28.

习近平. 习近平谈治国理政 [M]. 北京:外文出版社,2014.

习近平. 习近平谈治国理政(第二卷)[M]. 北京:外文出版社,2017.

中共中央文献研究室汇编. 习近平关于科技创新论述摘编 [M].

北京：中央文献出版社，2016.

《十九大报告辅导读本》编写组. 党的十九大报告辅导读本 ［M］.
北京：人民出版社，2017.

《党的十九大报告学习辅导百问》编写组. 党的十九大报告学习辅
导百问 ［M］. 党建读物出版社和学习出版社联合出版，2017.

胡锦涛. 坚定不移沿着中国特色社会主义道路前进为全面建成小康
社会而奋斗——在中国共产党第十八次全国代表大会上的报告 ［N］.
2012 - 11 - 08.

白春礼等，人才与发展——国立科研机构比较研究 ［M］. 北京：
科学出版社，2011.

白春礼主编，科研事业单位人力资源管理研究与实践探索 ［M］.
北京：科学出版社，2011.

包海芹. 国家学科基地政策扩散研究 ［M］. 北京：北京大学出版
社，2011.

陈家宽，李琴. 生态文明：人类历史发展的必然选择 ［M］. 重庆：
重庆出版社，2014.

陈劲，柳卸林. 自主创新与国家强盛：建设中国特色的创新型国家
中的若干问题与对策 ［M］. 北京：科学出版社，2008.

陈劲. 新形势下产学研战略联盟创新与发展研究 ［M］. 北京：中
国人民大学出版社，2009.

陈喜乐，曾海燕. 新型科研机构发展模式及对策研究 ［M］. 厦门：
厦门大学出版社，2016.

陈强. "环同济"产业创新生态系统的三个特征 ［J］. 解放日报，

2016 - 01 - 14（第 12 版）.

陈强，霍丹. 德国创新驱动发展的路径及特征分析［J］. 德国研究，2013（4）：86 - 100

陈宇学. 创新驱动发展战略［M］. 北京：新华出版社，2014.

杜德斌. 全球科技创新中心：动力与模式［M］. 上海：上海人民出版社，2015.

黄昌勇，李万，王学勇，等. 文化科技导论［M］. 上海人民出版社，2017.

洪银兴. 创新发展［M］. 南京：江苏人民出版社，2016.

教育部科技委，中国未来与高校创新战略研究课题组. 中国未来与高校创新 2011［M］. 北京：中国人民大学出版社，2011.

孔寒冰，陈劲等. 科技人力资源能力建设研究（教育部科学技术委员会战略研究重大专项）［M］. 北京：中国人民大学出版社，2010.

林崇德，等. 创新人才与教育创新研究［M］. 北京：经济科学出版社，2009.

林垂宙. 创新四重奏：从实验室到市场［M］. 上海交通大学出版社；2014（第 1 版）.

林祥，高山，韩靓，易永胜，孙伟. 深圳科技创新的制度变革研究（深圳学人文库）［M］. 北京：社会科学文献出版社. 2017.

刘立. 科技政策学研究［M］. 北京：北京大学出版社，2011.

刘念才，等. 面向创新型国家的高校科技创新能力建设研究［M］. 北京：中国人民大学出版社，2007.

柳卸林. 从科技投入到产业创新［M］. 北京：科学出版社，2014.

骆大进. 科技创新中心：内涵、路径与政策 [M]. 上海：上海交通大学出版社，2016.

吕薇. 区域创新驱动发展战略：制度与政策 [M]. 北京：中国发展出版社，2014.

马陆亭. 高等学校的分层与管理 [M]. 广州：广东教育出版社，2004.

马陆亭. 科学技术促进中的高等学校架构 [M]. 广州：广东高等教育出版社，2006.

施尔畏，邓麦村，景震强. 关于研究所管理 [M]. 北京：科学出版社，2007.

童蕊. 大学跨学科学术组织的冲突问题研究 [M]. 北京：中国社会科学出版社，2012.

王成军. 科技人力资源流动的个体选择与宏观表征 [M]. 北京：科学出版社，2012.

王春法. 科技全球化与中国科技发展的战略选择 [M]. 北京：中国社会科学出版社，2008.

王春法，习近平. 科技创新思想的科学内涵与时代特征 [J]. 学习时报，2017 - 02 - 17.

王建平主编，杨耀武、顾承卫副主编. 上海科技人才发展研究报告2016 [M]. 上海交通大学出版社，2016.

王建平，顾承卫，杨耀武. 上海科技人才发展研究报告（2017）[M]. 上海：上海交通大学出版社，2017.

魏屹东. 科学社会学新论 [M]. 北京：科学出版社，2009.

吴江等．建设世界人才强国［M］．北京：党建读物出版社，2011．

吴寿仁．科技成果转化操作实务［M］．上海：上海科学普及出版社有限责任公司，2016．

薛澜，柳卸林，穆荣平等．OECD 中国创新政策研究报告［M］．北京：科学出版社，2011．

阎康年，姚立澄．国外著名科研院所的历史经验和借鉴研究［M］．北京：科学出版社，2012．

徐辉．高等教育发展的新阶段－论大学与工业的关系［M］．杭州：杭州大学出版社，1990．

杨纯柳．为创新而生：一个新型科研机构的成长 DNA 解密［M］．深圳：海天出版社有限责任公司，2016．

张晖明．创新转型与可持续发展［M］．重庆：重庆出版社，2014．

张晖明，张亮亮．包容与互洽：产学研合作中政府与市场作用机制研究［M］．上海：复旦大学出版社，2015．

中央人才工作协调小组办公室，中共中央组织部人才工作局．国家人才发展规划专题研究报告［M］．北京：党建读物出版社，2011．

竺乾威，朱春奎，等．综合配套改革中的公共服务创新［M］．北京：中国社会科学出版社，2016．

朱春奎．公共政策学［M］．北京：清华大学出版社，2016．

周国辉．科技创新思想的八个维度［J］．学习时报，2016 － 10 － 27．

周寄中．科学技术创新管理（第 3 版）［M］．北京：经济科学出版社，2014．

［美］伯顿·克拉克. 研究生教育的科学研究基础［M］. 王承绪，译. 杭州：浙江教育出版社，2001.

［美］伯顿·克拉克. 探究的场所——现代大学的研究生教育［M］. 王承绪，译. 杭州：浙江教育出版社，2001.

［美］伯顿·克拉克. 建立创业型大学：组织上转型的途径［M］. 王承绪，译. 北京：人民教育出版社，2003.

［美］伯顿·克拉克. 大学的持续变革［M］. 王承绪，译. 北京：人民教育出版社，2008.

［美］古斯通（David H. Guston）（编者），萨雷威策（Daniel Sarewitz）（编者）. 塑造科学与技术政策：新生代的研究［M］. 李正风，等译. 北京：北京大学出版社，2011.

［美］罗伯特·K. 科学社会学［M］. 默顿，鲁旭东，林聚任，译. 北京：商务印书馆，2003.

［美］斯丹凝，［英国］曹聪. 中国科技崛起的人才优势［M］. 梁平，译. 北京：科学出版社，2012.

［美］亨利·埃茨科威兹（Henry Etzkowitz）. 国家创新模式：大学、产业、政府"三螺旋"创新战略［M］. 周春彦，译. 北京：东方出版社，2014.

Altbach P, et al（ed.）（2012）Paying the Professoriate：A Global Comparison of Compensation and Contracts. Publisher：Routledge.

Geiger, R. L and Sa, C. M.（2009）Tapping the Riches of Science：Universities and the Promise of Economic Growth. Harvard University Press.

Guston, David H.（2000）Between politics and science：Assuring the

Integrity and Productivity of Research ［M］. Cambridge：Cambridge University Press.

Greenberg, Daniel S.　(2001) Science, money, and politics：politics triumph and ethical erosion ［M］. Chicago and London：The University of Chicage Press.

McKinsey Global Institute (2015), The China Effect on Global Innovation.

Slaughter, S. and G. Rhoades. (2004). Academic Capitalism in the New Economy. Baltimore, Md. The Johns Hopkins University Press.

Stefan. (ed.) (2003) Learning from science and technology policy evaluation：experiences from the United States and Europe. UK：Cheltenham, USA：Northampton. ：Edward Elgar.

Stokes, Donald E.　(1997) Pasteur's quadrant：Basic science and technological innovation ［M］. Washington, DC：The Brookings Institution.

Xiaolan Fu (2015), China's path to innovation, Cambridge University Press.

后 记

党的十八大以来，我国加快创新型国家建设，破除体制机制障碍，最大限度地解放和激发了科技作为第一生产力所蕴藏的巨大潜能。我国科技体制改革全面发力、多点突破、纵深发展，科技体制改革主体架构已经确立，重要领域和关键环节改革取得实质性突破。这是我国科技创新近年来取得巨大进步和成绩的根本原因。

这几年我们自觉研读以习近平同志为核心的党中央关于科技创新、建设创新型国家的重要论述，以及各级政府的相关法律法规和政策。这本书是我们学习与研究的一项成果，其间的研究工作得到了上海市哲学社会科学规划项目、上海市软科学研究项目等的资助。书稿内容涉及科技创新的两个主要方面，即科技创新本身和科技体制机制创新；又涉及科技创新的各个阶段，从基础研究到成果转化。限于水平，书稿中的若干具体议题有待后续的进一步学习和研究。

我们感谢科技系统和教育系统的领导和专家们，以及长三角有关高新企业的领导们的指导帮助。作者之一要感谢中国民主同盟各级组织给予的指导帮助、关心关怀。十多年来有幸在民盟多位领导的指导下，结合学术专业参与有关调研报告和政策建议的撰写。通过参加基层单位的深入调研以及各类座谈会、集体研讨，获得丰富的感性认识，也促进深入的理性思考。

书稿写作过程离不开团队合作和团队精神，从提纲草拟到最后的文字校对，得到了多位研究生同学的帮忙。其中，李荣同学草拟了第一章。感谢理工科博士刘峰良先生多年来对若干科技领域的知识讲解，在百忙之中帮忙起草了某一高新技术领域的创新发展报告。由于刘博士科研任务繁忙，后期没有时间进一步修改完善文字，遗憾这份报告没能成为本书的一章。

书稿写作过程持续了多年，但最终成书时间相对较紧。前期撰写完成的文稿中源自网络的素材（例如产学研合作的案例及新闻报道等）实在难以查找到原始出处，对此向有关作者及各位读者致歉。

书稿的最终完成和出版得到科技部科技创新战略研究专项项目"促进跨学科研究的体制机制研究"（项目编号：ZLY2015045）、上海市教育科学研究一般项目"上海市高校与企业协同创新的案例研究"（项目编号：C16057）的资助。特此感谢。

在书稿出版之际，我们感谢所在单位同事们的关心和帮助，感谢亲友们的帮助。

最后，衷心感谢光明日报出版社章小可及其同人们的帮助和辛勤劳作。